2O23年
数字化转型
典型实践案例

国家电网有限公司　编

中国电力出版社
CHINA ELECTRIC POWER PRESS

图书在版编目（CIP）数据

2023 年数字化转型典型实践案例 / 国家电网有限公司编 . -- 北京：中国电力出版社，2024.3（2024.4重印）

ISBN 978-7-5198-8723-0

Ⅰ . ① 2… Ⅱ . ①国… Ⅲ . ①电力工业－工业企业管理－数字化－案例－中国－ 2023 Ⅳ . ① F426.61

中国国家版本馆 CIP 数据核字 (2024) 第 047003 号

出版发行：中国电力出版社
地　　址：北京市东城区北京站西街 19 号（邮政编码 100005）
网　　址：http://www.cepp.sgcc.com.cn
责任编辑：杨敏群　刘红强　（010-63412520）
责任校对：黄　蓓　郝军燕
责任印制：钱兴根

印　　刷：北京华联印刷有限公司
版　　次：2024 年 3 月第一版
印　　次：2024 年 4 月北京第二次印刷
开　　本：880 毫米 ×1230 毫米　16 开本
印　　张：6.25
字　　数：167 千字
定　　价：68.00 元

前言

党中央、国务院印发的《数字中国建设整体布局规划》指出，建设数字中国是数字时代推进中国式现代化的重要引擎，是构筑国家竞争新优势的有力支撑。国家电网有限公司（简称国家电网公司）始终把数字化作为推进电网转型升级、实现高质量发展的重要抓手，制定实施央企首份数字化转型发展战略纲要，发布新型电力系统数字技术支撑体系，创新构建以企业中台为核心的数字化架构体系，充分利用"大云物移智链"等数字新技术改造提升传统电网，不断增强电网气候弹性、安全韧性、调节柔性，全面提高电网优化配置资源能力、清洁能源消纳能力、多元负荷承载能力、安全供电保障能力，为电力保供和能源转型奠定坚实基础。

2023 年，国家电网公司全面贯彻落实数字中国、新型能源体系建设等战略部署，围绕新型电力系统和世界一流企业建设提出的新要求，制定《进一步加快数字化转型的意见》，明确"1254"建设思路和"电网一张图、数据一个源、业务一条线、设备一本账、采集一终端、生态一链通"工作目标，实施数字化转型"十大工程"，全面加快推进公司全业务、全环节数字化转型。"算力""数力""智力"基础实施持续夯实，覆盖全电压等级的电网一张图基本建成，企业级贯通共享进一步加强，业务数字化加速落地，电网生产运行、客户优质服务和企业经营管理水平显著提升，人工智能等新技术规模化应用赋能成效明显。常态化开展电力看经济、看"双碳"、看环保、助应急等大数据应用，有力支撑政府决策和社会治理。在国家级网络安全攻防演习中连续多年取得优异成绩。在国务院国资委数字化智能化验评中以满分成绩位列央企第一。

国家电网公司各单位高度重视数字化工作，扎实推进各项任务，形成了大量优秀实践成果。为总结提炼数字化转型经验做法，遴选出一批优秀实践成果汇编成册，促进各专业、各单位成果互鉴，经验共享，更好地推进公司数字化转型。

数字化转型概况 ————

国家电网公司始终高度重视数字化工作,全面落实国家战略部署,大力推进数字化转型,建成了集团级一体化信息系统,持续推动公司业务由线下向线上、自粗放向精益、从壁垒向协同转变,加快数字技术与实体业务深度融合,数字化水平央企领先。本次数字化转型典型实践案例着重从价值视角展现公司各单位在加快推进数字化转型过程中取得的优秀成果,具体分为支撑新型电力系统构建、赋能公司高质量发展、助力国家治理现代化、夯实数字化转型基础四个篇章。

支撑新型电力系统构建:国家电网公司立足电网枢纽定位,保障电网安全生产和电力可靠供应,通过数字化手段化解新型电力系统建设过程中的痛点、难点、堵点问题,积极开展数字化配电网建设,打造数字空间电网,提升源网荷储数碳互动水平,争当能源革命的推动者、先行者、引领者。

赋能公司高质量发展:以建设具有中国特色国际领先的能源互联网企业战略目标为统领,加快建设世界一流企业,通过推进数字技术与能源业务深度融合,全面提升电网生产运行水平、客户优质服务水平、企业经营管理水平和基层赋能服务水平。

助力国家治理现代化:公司准确把握国有企业战略定位,充分发挥产业链供应链带动作用,释放电力大数据价值,服务能源绿色低碳发展、产业转型升级,助力社会经济发展、政府决策和行业治理,探索政企协同新模式,在服务党和国家工作大局中当排头、作表率。

夯实数字化转型基础:公司持续提升两级数据中心、一体化国网云等基础设施能力,强化企业中台建设运营,加强技术创新体系、数据治理体系、数字化保障体系建设,为加快推进数字化转型奠定坚实基础,支撑新型电力系统建设,赋能公司高质量发展,助力国家治理现代化。

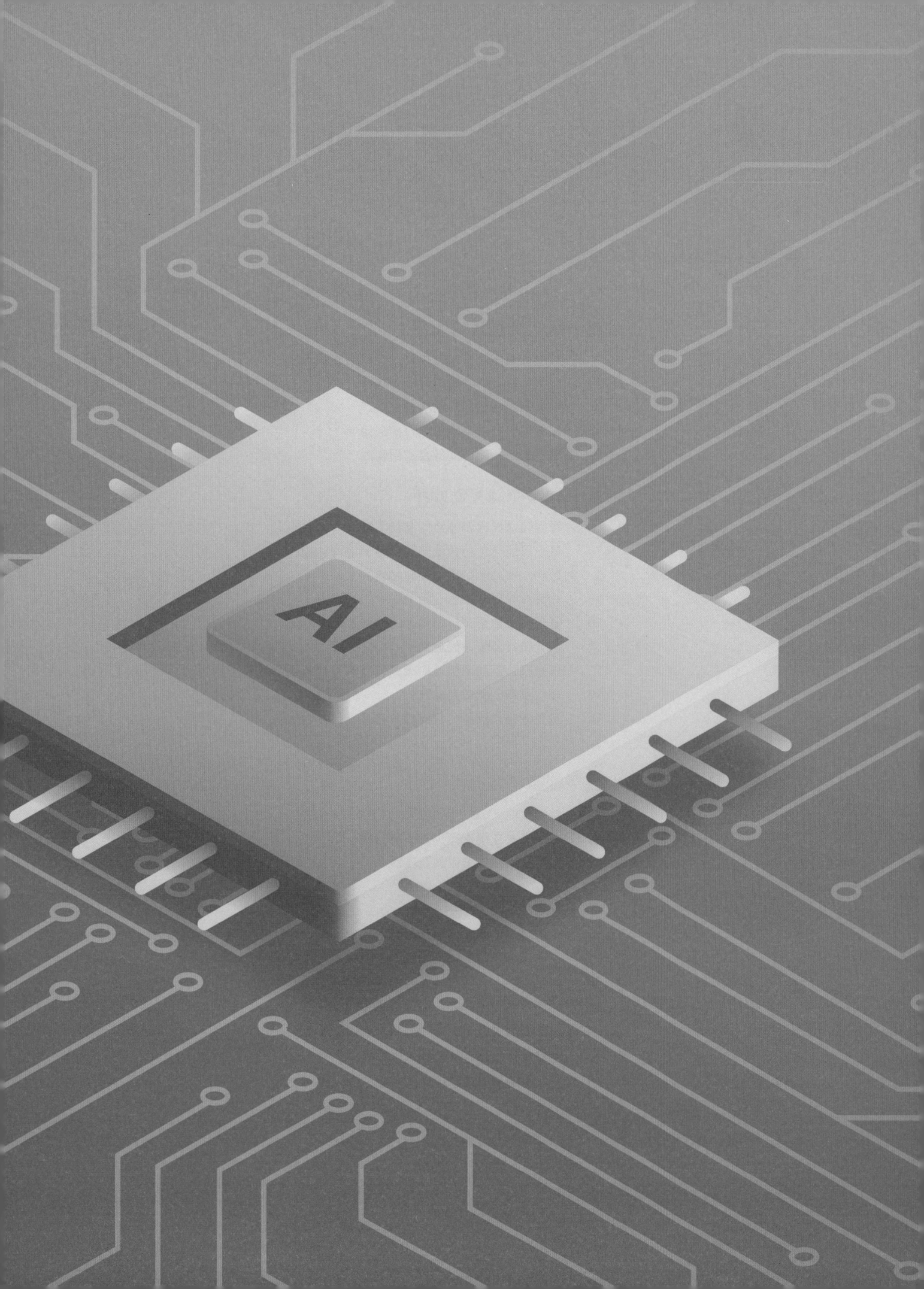

目录

赋能
公司高质量
发展

提升电网生产运行水平

提升客户优质服务水平

提升企业经营管理水平

提升基层赋能服务水平

III

助力
国家治理
现代化

IV

夯实
数字化转型
基础

强化数字技术创新应用

强化数据治理体系

强化数字化保障体系

支撑

新型电力系统构建

习近平总书记在中央财经委员会第九次会议上强调要构建以新能源为主体的新型电力系统。党的二十大报告指出,要积极稳妥推进碳达峰碳中和、深入推进能源革命,加快规划建设新型能源体系。

国家电网公司充分发挥电网枢纽和平台作用,推动数字技术与电网业务深度融合,开展数字化配电网建设,支撑新能源并网消纳,提升源网荷储互动水平,推动多维多态电网一张图等建设应用,打造数字空间电网,争当能源革命的推动者、先行者、引领者。

- 提升配电网智慧化水平
- 提升源网荷储互动水平
- 支撑能源电力保供
- 打造数字电网基础底座

1 打造计算推演引擎，推动配电网透明化

国网江苏电力

总体介绍

按照"最小化精准采集＋计算推演"原则，应用人工智能等数字技术与电网分析计算方法，打造数字电网计算推演应用，支撑电网网架优化、运行辅助分析、分布式能源科学消纳、设备高效运维抢修等应用，推动配电网（简称配网）透明化。

主要做法

提升基础数据可用性

针对拓扑不准、参数不准、量测缺失等问题，应用人工智能相关技术、算法，实现配网拓扑校核、设备参数反推、量测数据补足。

构建配网在线计算引擎

融合静态参数、开关量测和动态拓扑形成配网可计算模型，应用前推回代算法，计算配电网各节点电压和各支路电流、功率。

全面支撑配网业务

基于可靠性和可算性推荐最小化采集加装方案，模拟网架切改规划方案并闭环校核，研判停电范围派发工单和通知，围绕电压越限等指标评估光伏接入影响。

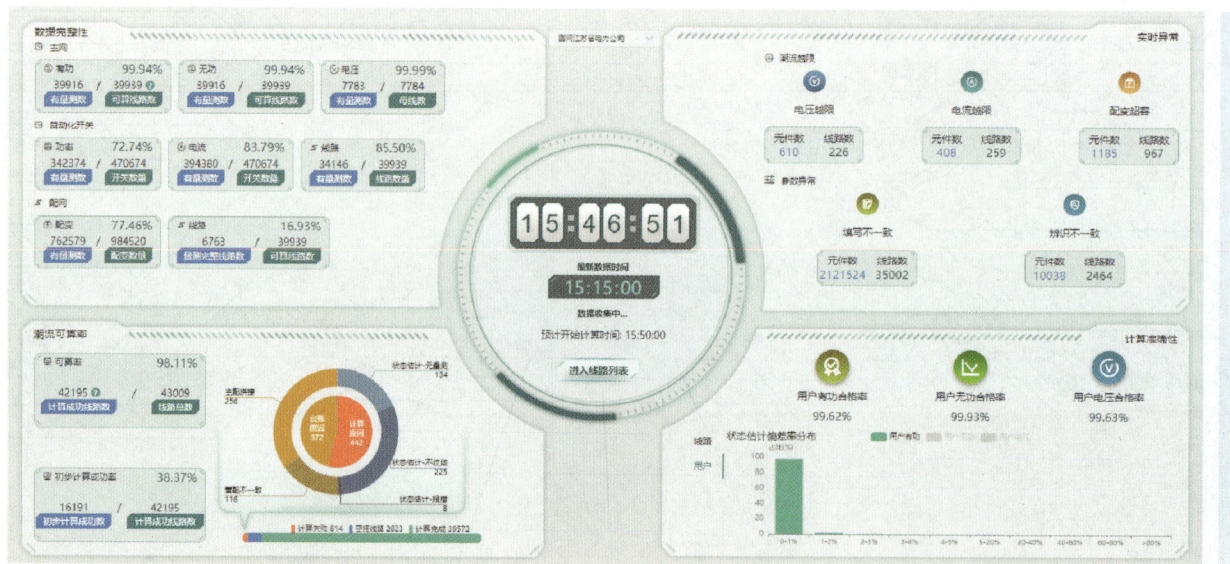

应用成效

配网计算

- 实现全省 **41790** 条配网线路 **15** 分钟计算。
- 累计诊断约 **3700** 条线路，发现 **7500** 台配电变压器拓扑异常和 **936** 条线路参数异常，成功率分别达到 **90%**、**83%**。

配网业务

- 完成全省 **59** 家试点光伏仿真，识别电压越限等风险 **145** 个。
- 诊断线损异常 **7000** 余条，提出降损措施 **212** 项，挽回经济损失超千万元。

② 数字新技术助力配电网运维检修

国网河南电力

▊ 总体介绍

围绕配网运行业务，梳理配网停电研判逻辑，构建配调专业语音人机交互、配网事件化分析等人工智能专业模型，解决停电开关感知不准确、指挥决策依靠人工经验等问题，实现配网停电百秒感知、检修计划智能管控，提升配电网运维检修能力。

▊ 主要做法

配网停电百秒感知

按照"最小化精准采集 + 计算推演"原则，创新 6 项停电研判逻辑，在不增加现场终端设备投资的情况下，实现停电到户的精准识别。

运行方式多重优化

建立并应用配网检修方式知识库，考虑"线路负载能力、电网运行风险、操作次数"等因素，30 秒内自动生成最优操作指令。

调度命令自动成票

构建并应用配网事件化分析模型，考虑配网停送电、合解环操作调度等相关逻辑，一键生成当前运行方式下母线、线路等各类停送电操作命令票。

检修计划智能编排

应用知识图谱等技术，考虑重复停电、停电范围等 8 项影响因素，实现配网检修计划智能优化重组。

检修计划自动外呼

基于通用语音识别模型，训练形成配调专业语音人机交互模型，代替人工开展检修计划通知、计划内容告知等工作。

i 国网网络化下令

基于 i 国网上架"网络化下令"微应用，线上开展调度指令预令下发回签、正令下令回令等工作。

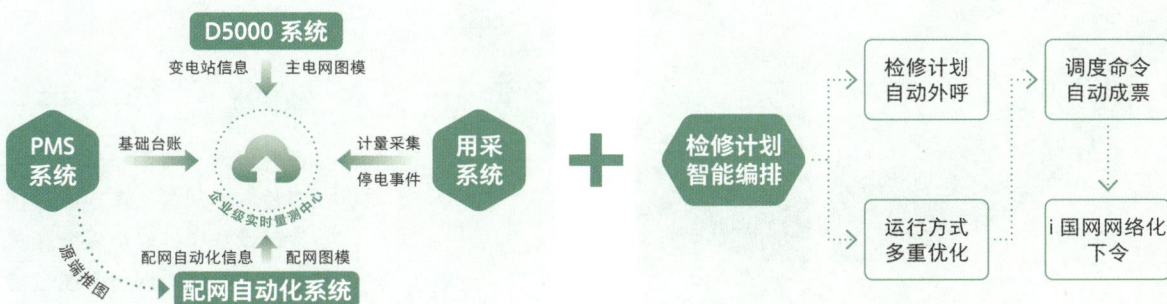

▊ 应用成效

配网停电"感知快、识别准、推广快、投资省"

停电研判仅耗时 **100** 秒，准确率 **98%**，**55** 天内完成 **1070** 条配电线路推广应用，已节约投资 **5.6** 亿元。

配网检修计划作业效率大幅提升

许可交互流程缩短至 **5** 分钟，业务处置效率提升 **10%**，抢修复电时长同比缩短 **25%**，抢修效率提升 **20%**。

提升配电网智慧化水平

3 配电网运行指挥应用精益化管理

国网上海电力

总体介绍

依托企业级实时量测中心和电网一张图，在营配调贯通成果基础上，运用一体化业务协同作业理念，通过智能分析各类配电网设备数据、配电网运行数据，帮助配网调度专业人员实时掌控电网运行方式，提升配电网指挥工作效率。

主要做法

以图治数

建立"以调定贯通"数据治理工作机制，研发图数治理工具，坚持以用促治，推进基层单位数据治理，进一步提升营配调贯通水平。

以图知数

基于电网一张图，实现全网动态网络拓扑，支撑停电通知精准到户、操作票跨专业协同、调度运检图模共享，实现配网调度业务上图。

以图智数

提升电网一张图一致性、可靠性和实时性，实现事故预案辅助决策，供电保障在线指挥，打造电网一张图智能化应用支撑能力。

应用成效

停电通知精准及时	降低指令开票时间	事故处置决策迅速
实现 1 分钟内自动生成 **1000** 户以上停电通知单，停电分析到户准确性接近 **100%**。	调度指令票图形开票功能减少调度员 **30%** 开票时间。	事故决策时间由 **30** 分钟下降为 **3** 分钟。

4 配电网运行监测精益化管控应用

国网陕西电力

■ 总体介绍

依托物联体系配电台区典型场景，聚合配变台区动静态数据，打造配电网运行状态监测应用，解决配电网"最后一公里"的痛点、难点问题，提升配电网管理水平。

■ 主要做法

配网运行状态动态监测

打通数据共享通道，基于 GIS 时空可视能力，按照业务逻辑梳理整合配电台区静态数据和融合终端运行数据等动态数据。

台区运行态势实时感知

将终端采集的离散数据转换为看得懂、容易看的曲线和图，实时感知配电变压器电压、电流、功率以及用户侧运行数据。

台区运行异常实时监测

对终端采集的数据进行实时融合和研判，对配电变压器三项不平衡、低电压、重过载、停电等异常运行进行实时监测。

创新监控运行各项指标

应用终端本体网络通信治理监测、终端运行状况监测、台区档案实时监测、台区阈值设置等功能，为配电变压器及终端监控运行提供辅助支撑。

■ 应用成效

配电网运行状态监测应用已接入配电台区 **133134** 个，覆盖全省范围 **1188** 个供电所、**6822** 条 10 千伏 线路。

预计节省人工成本约 **119.3** 万元。

态势感知 — 可层层下钻 — 供电所业务范围 · 台区运行状态 · 台区户表详情
①配网数据不可视-->线路、变压器和用户3层数据可视

台区监测 — "所见即所得" — 停电总览 · 异常（三相不平衡、高低电压等）总览 · 台区低电压
②停电靠电话投诉-->所有故障都标注在地图上，可查明细，自动派单和发短信

业务辅助 — 不仅仅是故障定位 — 台区实时档案核查 · 台区预警设定 · 融合终端设备运行工况
③故障后定位处理-->各类告警、预警的自定义设置、档案核查、线损分析等高级应用

实现台区异常故障由原来的"被动发现"到现在的"主动感知"

5 城市数字化配电网综合应用实践

国网北京电力

▌ 总体介绍

以建设数字化低碳城市电网为目标，构建"1234+N"数字化配电网建设体系框架，即"一个基础、两大能力、三类应用、四个协同以及 N 个典型示范"，建成北京市首个光储一体化零碳社区。

▌ 主要做法

打造"一个基础"

建成数实融合、全要素感知的电网一张图，有力支撑图上作业、源网荷储互动等场景应用。

提升"两大能力"

聚焦服务基层作业减负，应用数字技术，提升透明作业与智慧作业两大能力。

加强"三类应用"

进一步打通线上管理链条，加强停电管理、工程管控以及状态评价三类数字化应用。

深化"四个协同"

① 提升分布式光伏消纳能力，实现源网协同。
② 促进新能源汽车与电网互动，实现车网协同。
③ 促进用户负荷侧与电网互动，实现荷网协同。
④ 构建全域资源优化配置机制，实现机制协同。

突出"N个典型示范"

逐步推进数字化配电网在通州全域落地，打造城市电网（简称城网）、农村电网（简称农网）等 N 个典型示范，开展数字化低碳社区等典型示范建设工作，形成一套可复制、可推广的典型建设经验。

▌ 应用成效

建成北京市首个光储一体化零碳社区，提升前瞳村全年本地消纳光伏电量 **21.9** 万千瓦时，绿电占比由 **55.23%** 提升至 **87.5%**。

6 源网荷储要素资源协同互动实践

国网浙江电力

■ 总体介绍

以源网荷储高效互动为着力点，以服务负荷聚合商和工业企业节能降耗为切入点，打造"1+2+*N*"数智化支撑体系，落地全要素最优调节互动示范应用，赋能新型电力系统建设。

■ 主要做法

"1"个源网荷储实时交互技术底座

汇集全量实时和非实时数据，具备孪生仿真、高精预测、海量推演、强化训练、决策校核能力，支撑全要素互动、多目标优化的调度决策。

"2+*N*"个可复制、可推广的示范区域

先行试点建设北仑灵峰现代产业园区、前湾数字经济产业园区"2"个具有代表性的工业园区，打造"*N*"个可复制、可推广的示范场景，建成新型电力系统区域综合示范样板。

建成三大主要应用场景

以北仑灵峰工业园、前湾数字经济产业园两个工业园区为切入点先行先试，围绕提升系统调节能力、提升社会能效和支撑碳排双控三条主线，建成"高效互动""经济运行""低碳运行"应用场景。

新型电力系统建设区域综合示范样板

| 保供 | 稳价 | 降碳 |

支撑：数字技术 运营体系 政策机制 商业模式

保障 运转 引导 驱动

新型负荷高效汇集、智能调控

特征：数字化 互动化 低碳化

成效：互动能力达到 200 万千瓦，服务 10000 家以上企业节能减碳，打造政府、企业、电网深度合作的数字能源经济新生态

城市级数智能源互联网

■ 应用成效

业务应用

互动、经济、低碳三大场景在北仑灵峰、杭湾前湾试点园区上线应用，汇聚 **20** 万千瓦用户负荷，实现 **2.2** 万千瓦分钟级资源准实时调控，可调资源接入已向全域区县推广。

技术支撑

完成云边协同技术路线验证，实现省地两级全链路数据贯通，**500** 亿条海量实时数据，实现源网荷储各要素数据融合。

7 基于可调节负荷资源的源网荷储协同调控

国网华北分部

■ 总体介绍

加强电力辅助服务市场建设，在新能源装机占比持续升高、调峰资源不足的情况下，挖掘各类可调节资源参与调峰，通过发挥引导可调节负荷资源"用电时间有弹性、用电行为可引导、用电规律可预测、用电方式智能化"特性，实现华北电网源网荷储协同互动调度控制。

■ 主要做法

推动可调负荷资源配置

建立适应可调节负荷资源参与电网实时优化控制技术架构，建成适应可调节负荷侧资源参与电网优化的源网荷储协同互动调度控制应用，率先实现可调负荷资源纳入电网优化调度和实时闭环控制，实现负荷削峰填谷。

推动多方主体参与交易

建立以电力辅助服务市场为基础的商业模式，按照申报调峰能力、日前出清、日内执行、日内结算的机制，实现对参与电力辅助服务市场第三方独立主体的有效补偿和激励。

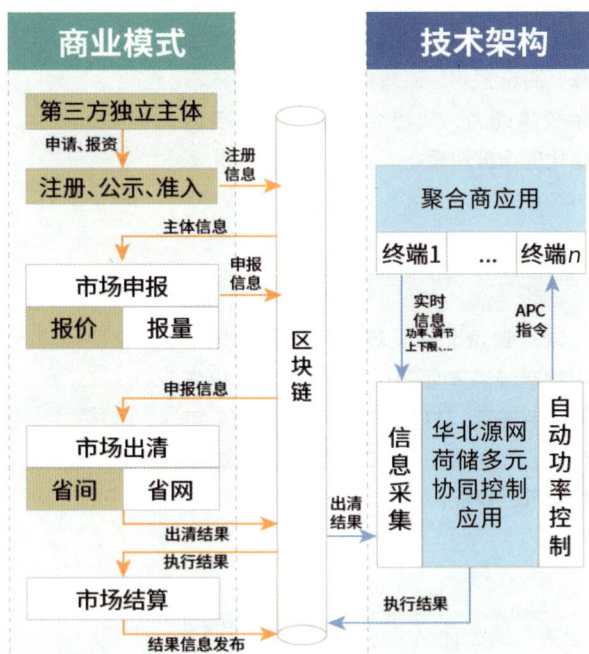

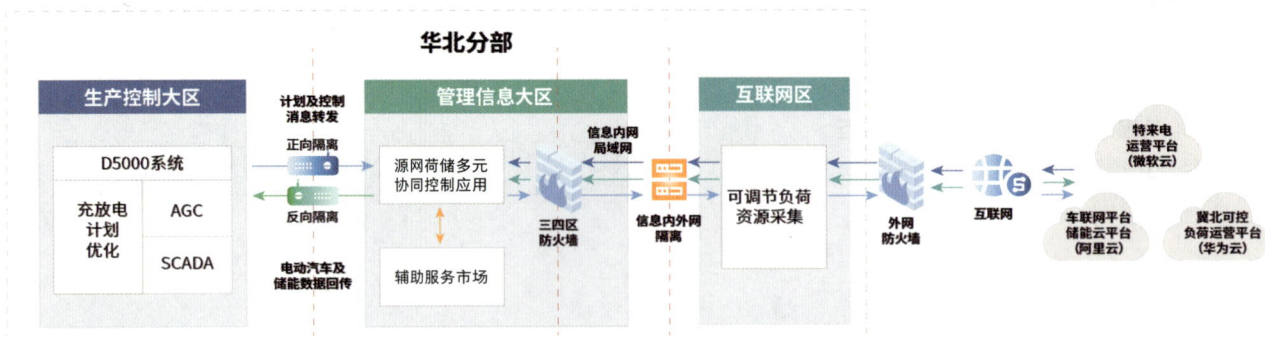

■ 应用成效

共计接入 **22** 家第三方独立主体，聚合可调节负荷资源 **1235** 万千瓦，最大提供调峰能力达到 **64** 万千瓦，累计提供调峰电量 **8.4** 亿千瓦时，有效提升了电网调峰能力和新能源消纳空间。

华北源网荷储协同调控应用，入选工业和信息化部优秀物联网示范项目、国家电网公司电力物联网最佳实践案例，获得国家电网公司、北京市、中国电工技术学会科技进步奖，被社会媒体广泛关注。

8 数字化提升源荷出力预测和协同互动水平

国网冀北电力

┃ 总体介绍

面对海量新型源荷入网存在波动影响、源荷出力时空不确定性等问题，立足源荷出力精准预测，源荷互动多维协同目标，打造源网荷各环节数据精准采集、状态实时监测、需求动态感知、源网荷协同互动能力，赋能新型源荷大规模高水平接入。

┃ 主要做法

电源侧

深度耦合区域地理特征、气象情况、历史出力等内外部因素，引入网格化数据建模和微气象站校准，利用人工智能技术，分层分级开展未来1~7天和未来2小时的分布式光伏出力曲线预测。

配网侧

开展重过载、电压越限等配网运行指标实时监测，动态评估新型源荷接入配网承载力状态，针对承载受限台区，深挖受限原因，"一台一策"制定承载提升策略。

负荷侧

新型负荷方面： 基于电网一张图网架拓扑，实现1千米内充电需求预测和充电桩报装容量预测。

传统负荷方面： 结合相似日、历史负荷、气象因素等开展精细化的负荷需求曲线推演。

电源侧	出力预测	分层分级精准预测		承载力评估	配网侧	配网运行异常实时监测			配网侧	承载力评估	用电负荷精细管控		需求分析	负荷侧
		地市	区县			重过载	电压越限	电流异常			网格划分	路径规划		
		台区	光伏站			承载能力动态评估					报装分析	需求预测		
						状态辨识	提升策略	转供方案						

源端出力多维多时空 可观、可测 ┈┈┈> <┈┈ 入网承载实时在线辨识，运行异常实时在线监测 ┈┈┈> <┈┈ 荷端需求动态感知，精细管控

┃ 应用成效

累积接入光伏用户超 **17**万户	电动汽车充电用户超 **13**万户	**光伏出力预测**	实现冀北全域分布式光伏站未来2小时源荷出力预测；实现1千米范围内充电需求预测和充电桩报装容量预测。
承载力在线辨识台区 **34**万个	分布式光伏消纳提升 **35%** ↑	**承载状态在线评估**	识别468个承载受限台区；"一台一策"制定光伏接入、转供方案。
台区降损调档方案 **1200**个	电压合格率提升 **24.52%** ↑	**配网稳定运行**	监测新能源并网7项运行指标，预警运行异常43次；降低电压越限率26.98%。

9 打造移峰填谷数智应用

国网浙江电力

总体介绍

坚持"政府主导、企业主体、电网主动",开发移峰填谷数智应用,引导工业用户自主将高峰时段负荷转移至低谷时段,实施全流程精准管控,实现经济发展、能源保供、电网安全、民生保障"四个好"。

主要做法

精确识别移峰填谷潜力用户 ········· 打造全省千万千瓦级的高质量用户画像,筛选出全省 12611 家移峰填谷潜力用户。

精密计算企业移峰填谷潜力 ········· 分析用户移峰填谷潜力类型,计算工业用户各时段移峰填谷潜力,构建全省 200 万千瓦工业用户移峰填谷资源池。

精细制定移峰填谷最优方案 ········· 构建移峰填谷最优方案,形成用户参与检修移峰、周移峰、日移峰的最优策略。

精准监测移峰填谷执行情况 ········· 开展移峰填谷执行方案实时监测,动态跟踪企业移峰填谷执行情况。

精益评估移峰填谷执行效益 ········· 构建多维度移峰填谷效益综合评价体系,并基于执行成效完成移峰填谷资源池更新和算法迭代升级。

浙江:"移峰填谷"降本助企增效
新华社记者 李涛

应用成效

2023 年迎峰度夏期间,全省开展多次移峰填谷实战,日均参与企业 **6000** 余户、日均成功转移负荷 **158** 万千瓦。

移峰填谷保障生产用电约 **4740** 万千瓦时,相当于增加约 **10.3** 亿元的工业产值,减少电费支出超 **6700** 万元,相当于约 **40** 万户居民生活用电,减少碳排放约 **1400** 吨。

10 基于多维数据分析的新能源精细化消纳响应

国网青海电力

┃ 总体介绍

建成具备多层次、多维度、分钟级新能源精细化实时消纳应用，融合新能源消纳能力、输送断面阻塞、控制响应能力等多元数据，主动辨识各类弃电原因，为下一步提升新能源利用率的方法和措施提供有力的数字化分析技术与智能化管理手段。

┃ 主要做法

消纳分析模型一体化

构建消纳一体化分析模型，通过深度、广度优先搜索与单源最短路径问题分析等算法，简化断面、变电站、场站间的层次关系。

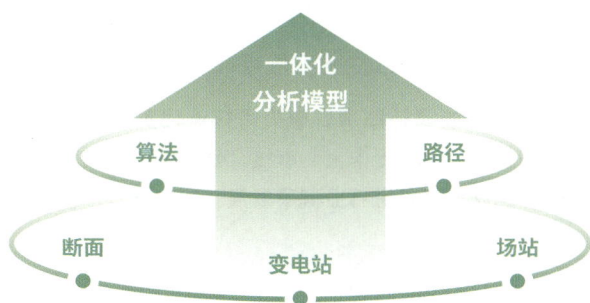

消纳受阻精细化分析

考虑网架结构、电网调峰等多种受阻因素，开展新能源受阻原因综合分析，有效支撑调控中心合理合规提升新能源利用率。

消纳受阻多维数据分析

以"全网－断面－区域－集团－场站"数据为驱动中心，自动精准定位受阻问题，将受阻原因层层分解至站端末梢，辅助抽水蓄能和新能源专业通过优化检修计划。

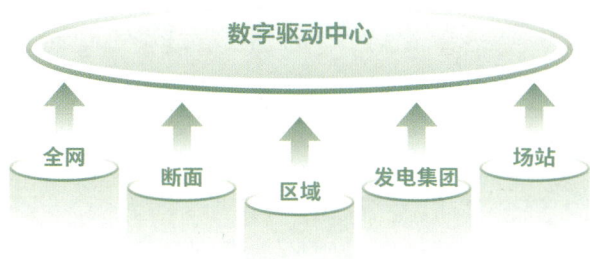

消纳智能化分析

开展智慧能源服务技术研究，聚合私人充电桩充电负荷，参与华北电网调峰辅助服务市场，探索居民区有序充电可推广的商业模式。

┃ 应用成效

新能源利用率提升　　通过数字化、智能化等技术手段，新能源利用率平均提升 **0.3** 个百分点。

分析准确率提升　　通过消纳应用分析，新能源消纳受阻原因分析准确率提高 **20%** 以上。

11 深化新能源云建设应用

国网数科控股公司

■ 总体介绍

深度融合新一代信息技术与新能源全价值链、全产业链、全生态圈业务，构建新能源云平台，服务全流程一站式线上接网、全景规划布局和建站选址、全域新能源消纳协同计算与发布、全面支撑补贴项目在线申报审核，有力推动清洁能源消纳。

■ 主要做法

全流程一站式线上接网服务

改变传统接网业务线下办理模式，创新形成一站式线上办理模式，提高了服务质效。

全景规划布局和建站选址服务

初步建立全国范围的风能、太阳能、生态红线、地形地貌等资源数据库，辅助开展风光资源开发潜力研究，为规划布局、建站选址提供参考。

全域新能源消纳协同计算与发布服务

将各省区原线下分别计算本区域消纳能力，改变为云端协同计算模式，提升精度和效率，同时引导科学开发，合理布局。

全面支撑补贴项目在线申报审核服务

打破可再生能源补贴项目申报审核流程复杂、周期冗长等问题，提供线上申报、审核、公布等一站式服务，加快补贴确权，促进行业健康发展。

■ 应用成效

新能源场站超	装机容量	注册用户超过	入驻各类企业超过	减少二氧化碳排放
534 万座	**8.03** 亿千瓦	**30** 万个	**1** 万家	**6.4** 万吨

12 探索高效互动虚拟电厂模式，服务清洁能源消纳

国网福建电力

▌总体介绍

围绕"全局统筹、跨区协同、区域自治、市场引导"的思路，构建高效互动虚拟电厂，广泛聚合柔性负荷、储能等多类型资源，快速响应负荷变化，参与电网互动，并支持电网调峰调频和新能源消纳。

▌主要做法

── 打造多场景业务优化 ──

研发负荷预测、资源多维管理功能，依托新型电力负荷管理模块，通过与调度系统联动，参与需求响应、局部电网优化等多场景业务。

── 分层分级设备资源聚合 ──

标准化负荷资源及调控能力定义，完善负荷资源与电气分区的拓扑关系，构建柔性负荷资源池，可调控能力标准化建模，形成7级可调用负荷资源池。

── 负荷能力分析预测 ──

采用边缘代理架构，建立针对用户侧资源的负荷外特性模型，实现将用户侧复杂交互信息转化成统一标准的结果性信息，精准客观描述负荷参与调控的能力。

── 源荷快速响应 ──

充分发挥区块链数据可信、透明、不可篡改等技术特性，建设分布式源荷快速响应应用，保存关键环节实时数据，确保业务流程的真实可信和公开透明。

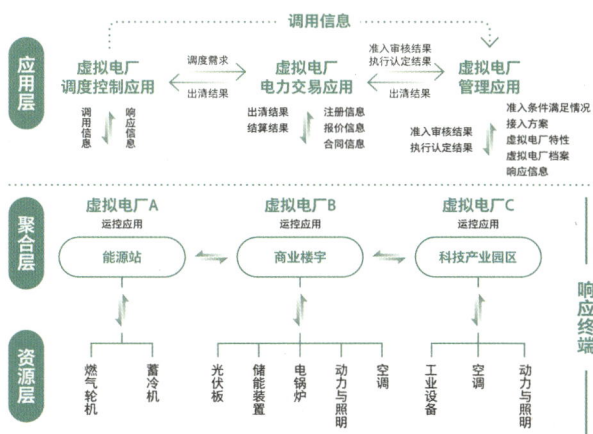

▌应用成效

国网福建电力	接入总用户 **663** 户，其中充电站 **123** 户、空调 **45** 户、储能 **3** 户；预计可为政府节省土地资源和管廊投资约 **13.8** 亿元。
国网上海电力	共有 **22** 家虚拟电厂接入，可调容量 **69.95** 万千瓦，聚合电力用户资源共 **1549** 户。
国网宁夏电力	聚合包括工业负荷、充电桩、楼宇空调等 **14** 类可调节资源，其中削峰 **181.29** 万千瓦，填谷 **92.7** 万千瓦。

13　车网互动创新应用实践

国网北京电力

▌总体介绍

围绕"谷段充绿电，峰段有收益，资源可交易"新理念，基于车网互动应用实现负荷预测、负荷控制、安全监控、调度管理、清分结算、可视化展示六大功能，提升车网互动及负荷柔性控制能力。

▌主要做法

车网互动管理应用

构建应用接入标准，与群调群控、虚拟电厂互联互通，实现车企、桩企、运营商海量接入，实现静态、动态数据的全链条监控。

桩网溯源拓扑

建立从充电桩、站、10 千伏线路、100 千伏变电站的拓扑关系，基于电网需求进行调控，平抑电网负荷曲线，解决配电网容量不足等局部电力供应问题。

负荷柔性控制

实现"电网运行最优、经济运行最优、用户体验最优"的负荷调控策略与控制功能，基于"全市、全域、两站、两线"实现多场景柔性调控。

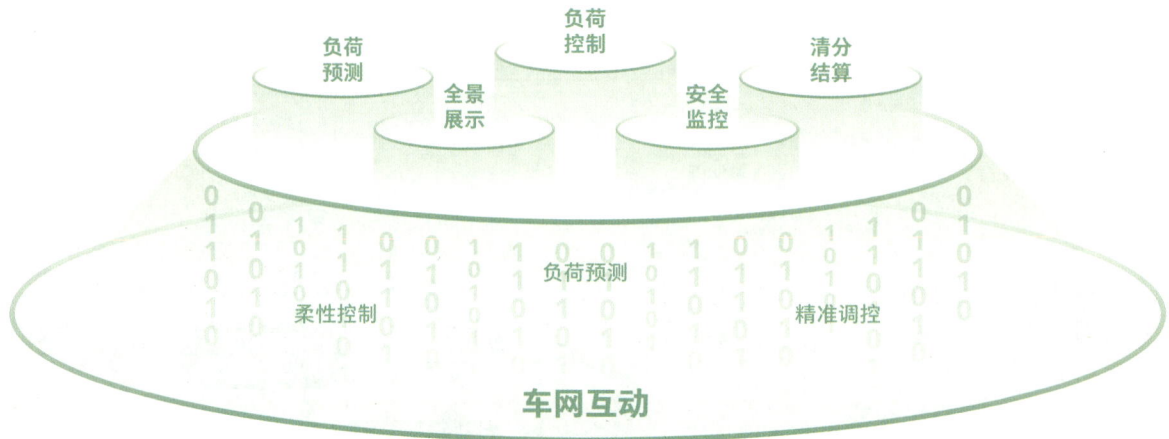

▌应用成效

应用负荷接入

全市充电桩
10.4 万台

负荷容量
3058 万千瓦

缓解台区重过载

示范地区最大负荷压降
33.62%

全市负荷调峰

全市公交充电桩
1178 台

公共充电桩调控规模
1167 台

最大削峰
2.72 万千瓦

14 可开放容量计算分析支撑分布式光伏并网消纳

国网河北、河南电力

▌总体介绍

针对大规模分布式光伏无序接入带来的问题，国网河北、河南电力依托电网一张图提升可开放容量计算能力，形成了"电网测算、政府发布"的协同工作机制，为引导和规范分布式光伏健康发展提供科学依据。

▌主要做法

明晰光伏开发潜力及资源分布

基于0.6米高精地图扫描识别算法，结合实地调研、统计年鉴等多种校核方法得到地区校核系数，形成适用于不同地区的屋顶资源识别方法，明晰屋顶光伏开发潜力。

推动可开放容量线上精准预测

遵循"分区分层"原则，结合电力行业标准建立了两类可开放容量测算算法，一是220千伏主变压器发生功率反送；二是各级设备并网容量不超过设备额定容量的80%。

提升可开放容量计算能力

基于电网一张图，打通营销、调度、设备各专业间数据通道，实现全量电网设备台账、运行信息和供电拓扑自动关联，支持地市公司自主在线校核编辑，实现在线计算，便捷操作等功能。

建立"电网测算、政府发布"机制

按政府要求定期计算分布式光伏可开放容量，建立了"电网企业测算、政府主管部门审核、政企协同发布"机制，划分红、黄、绿评估等级、可开放容量结果及配电变压器评估等级，指导用户有序接入。

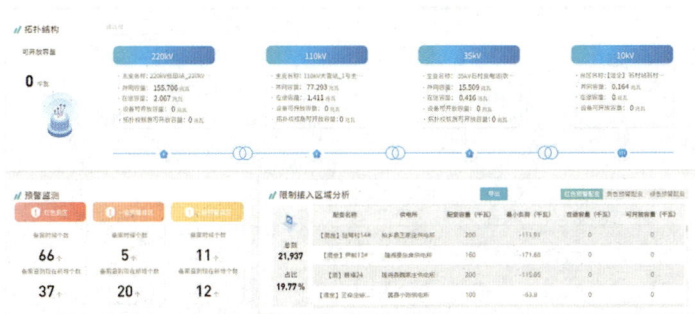

▌应用成效

国网河北电力

可开放容量测算结果通过政府网站向社会公布，引导 **85%** 的项目在有可开放容量的地区建设，指导分布式光伏有序接入。

国网河南电力

超过 **6** 万用户通过网页端查询最新承载力测算结果，有序参与分布式光伏并网，装机总量达 **2600** 万千瓦。

15 数字赋能31届世界大运会保电

国网四川电力

■ 总体介绍

按照"制定标准、数据融合、应用赋能"的方向，全面推进多维一张图实用化建设，全息感知、全面融合，实现电网智慧运行、设备精益管理全过程动态数字呈现，全面助力大运会保电工作。

■ 主要做法

夯实基础

创新构建设备移动采录图模一体化功能，实现设备台账、图形、坐标现场半自动化维护，融入气象、量测、视频数据，形成"大运保电多维一张图"。

全息感知

日均接入调度自动化、配电自动化、用采、集控站等系统16亿条量测数据，依托量测中心超级计算能力实时监控迎峰度夏、大运保电等557个主变压器全天候288个点位负荷情况。

全面融合

叠加气象实况预报预警信息，累计发布350条预警及599条行动任务，发布应急响应27条，派发应急行动任务37项。

■ 应用成效

精准故障研判

实现负荷用电的全过程追溯，监测覆盖大运会场馆媒体中心、开幕式高级贵宾室等**87**个配电箱**135**个点位。

智慧保电溯源

大运保电期间，派发预警及抢修工单**9717**条，故障研判准确率由**85%**提升至**97%**。

指挥全程在线

通过大运指挥保电应用，推进"监测、指挥、联动、分析"一体化运作，为各级指挥部、保电现场提供全方位保障。

16 数字技术应用支撑灾害应急指挥

国网福建电力

■ 总体介绍

夯实电网一张图基础能力，实施监控灾损信息，精准研判受灾情况，快速高效智慧复电，实现设备、电压、功率等运行值的叠加展示，增强电网气候弹性，为福建抵御"海葵""杜苏芮"灾情预警、灾后抢修提供全方位的保障。

■ 主要做法

实时监控灾损信息

实施新一代应急指挥系统中台化改造，叠加量测、气象、应急物资等数据，提高外部突发事故数据获取能力，实现灾损信息透明化实时监测。

精准研判受灾情况

依托电网一张图的高质量数据，确保"海葵""杜苏芮"台风期间电网保供基础数据精准可靠，赋能灾中灾损情况精确研判。

快速高效指挥复电

以新一代应急指挥系统为基础，结合动态一张图，提升电网应对严重自然灾害等极端情况的响应能力和快速恢复供电能力，实现灾害应急线上管理。

■ 应用成效

提升灾损信息监控

实时监测线路 **1847** 条、配电变压器站房 **45298** 座、用户 **2192573** 户。

强化受灾情况研判

精准获取电网设施受灾情况杆塔 **4357** 基、站房 **58** 座。

提升应急指挥能力

指挥应急队伍 **1187** 支实现台风登陆后 **60** 小时内全面恢复供电。

17　数字技术赋能抗震救灾实践

国网甘肃电力

总体介绍

2023 年 12 月 18 日 23 时 59 分，甘肃省临夏市积石山县发生 6.2 级地震。数字化专业利用电力北斗、电网一张图、新一代应急指挥等数字化能力，赋能灾区电力抢修各专业高效协同、快速救灾。

主要做法

数字网络，迅速搭建抗震救灾指挥部

调拨数字化网络应急行动队，基于电力北斗服务能力，迅速建成"三级指挥中心＋现场抢修"空天地融合的抢险救灾作战网络，全力保障数字化能力的稳定赋能。

智慧研判，精准定位电网设备受灾点

通过构建电网一张图"停电实时监测"场景，动态感知电网变化，及时预警故障信息，准确定位配网停电原因及影响范围，将综合故障定位信息全面接入各级抢险指挥部，掌握震区电网受灾情况。

数字管理，高效联动应急抢险陇电军

基于新一代应急指挥系统，迅速感知电网设备运行态势，发布停电信息、派发抢修工单，指导一线班组快速处置停电事件。建立健全"人、事、物"联动机制，提升抢险现场应急处置能力，快速推动灾区电网全面恢复供电。

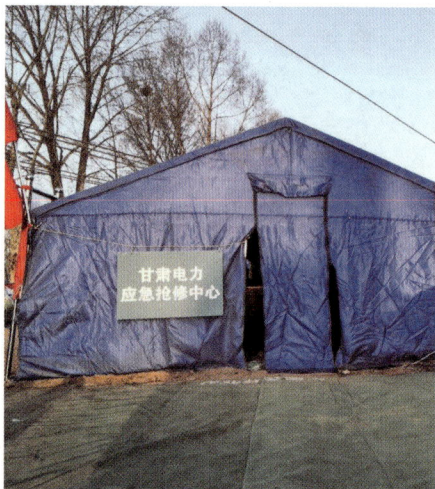

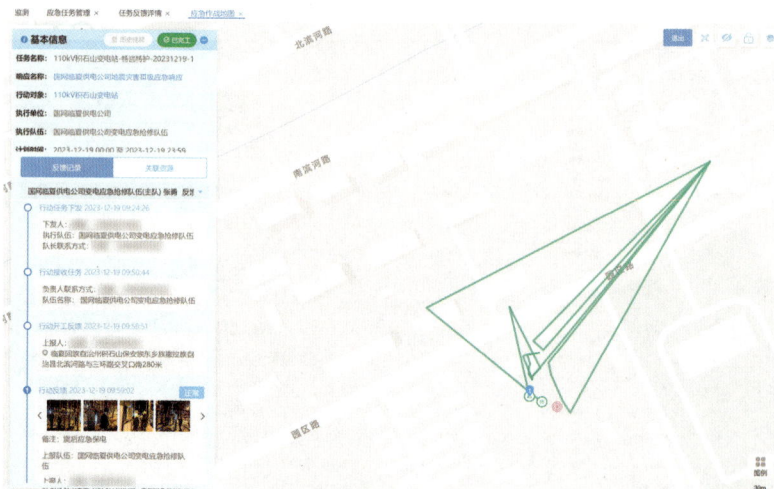

应用成效

"电力北斗＋"融合网络为受灾地区各级指令的下达、现场情况的视频调阅、抢险抢修的统一行动提供了网络支撑，杜绝高风险区域抢修人员失联、失踪安全隐患。

电网一张图准确预警临夏州 **280** 台公用变压器（简称公变）、**130** 台专用变压器（简称专变）运行风险信息。调配生活保障物资 **4700** 余件，帐篷用电设施类物资 **13.3** 万余件。

新一代应急指挥系统秒级研判震中 100 千米范围内 35 千伏以上变电站 **140** 余座、线路 **470** 条，紧急派发应急抢险任务 **11** 项，调用应急装备 **61** 件、车辆 **11** 辆。

18 构建电网一张图，夯实基础底座

国网江苏、天津、山东、陕西电力

❙ 总体介绍

构建数字电网底座，打造全要素多维多态电网一张图，实现数据资源全面融合、共享应用，支撑数字电网计算推演，创新开发全景保供电应用场景，服务电网运行、设备管理、客户服务和企业经营全场景业务高效开展。

❙ 主要做法

夯实一张图数据基础

融合业务活动、运行属性、空间属性、环境属性等数据，实现全电压覆盖、全要素纳管、全拓扑联通、全数据同源的数字形态网架。

源网荷储全要素汇聚

围绕新型电力系统，汇聚电厂、分布式光伏、充电桩等新型负荷，构建"发-输-变-配-用""站-线-变-户"完整静态一张图。

建成全电压等级动态电网

准确叠加实时量测数据和电网状态、事件等实时数据，提升动态电网分析计算能力，支撑精准计算推演化和实时故障抢修。

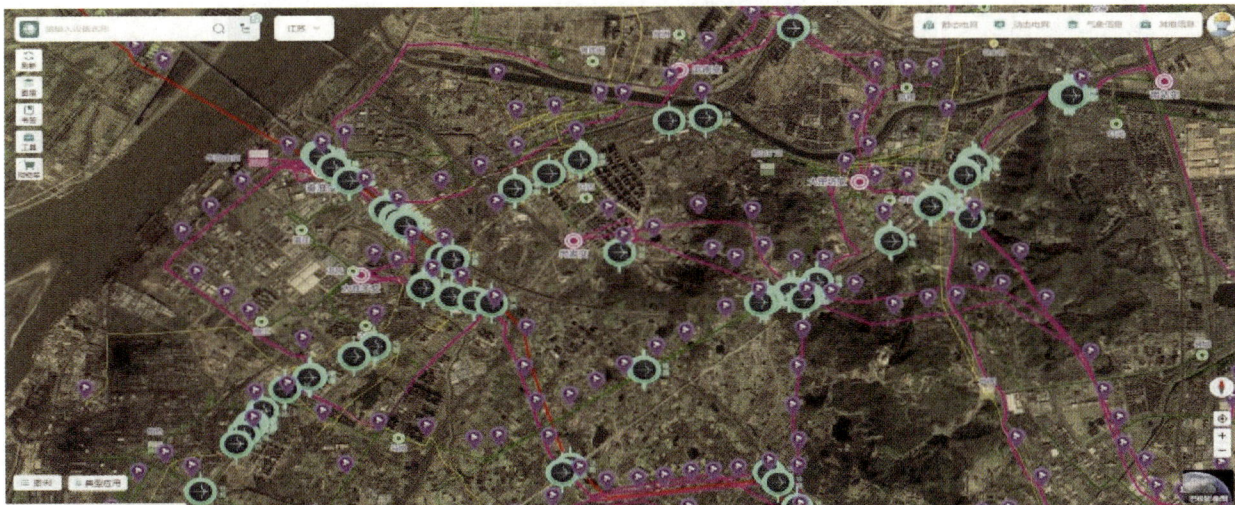

❙ 应用成效

国网江苏电力

精准监控研判各类停电

49928 起

故障研判平均耗时从

10 分钟 降至 **50** 秒

故障停电信息报送、对外发布由

15 分钟 缩短至 **3** 分钟以内

国网天津电力

2023 年防汛度夏期间实时监测城市核心区域主要设备

9404 台（条）

累计发现重载

77 台（条）次

监控效率提升

80%

国网山东电力

支撑专业业务应用建设，减少系统重复建设和作业人员成本投入

1000 万元以上

提高生产作业效率

30% 以上

国网陕西电力

用户办电时间答复提升，压缩办电时长至

3 天

供电方案环节提速

30%

19 基于电网一张图赋能设备业务质效提升

国网湖北电力

▌总体介绍

基于电网资源业务中台构建站、线、变、户全拓扑，生产、调度、计量全动态的电网一张图，创新建立配电网线损一张图，满足运检、营销、发展等专业用图服务、用图作业、用图指挥、用图管控等多场景应用建设。

▌主要做法

数据治理与电网运检同步融合

夯实电网一张图基础，以用促治、治用结合，一张图支撑运检作业开展，作业中同步完成数据治理校核。

建设配电网"线损一张图"

叠加 10 千伏线路及低压台区线损信息，分区域、分单位展示 10 千伏线路及低压台区高损及负损情况，实现配网线损可视。

部署量测数据接入监测工具

对主网、配网及用户侧量测数据接入情况进行监测，了解量测数据接入及匹配情况，为动态电网一张图建设提供抓手。

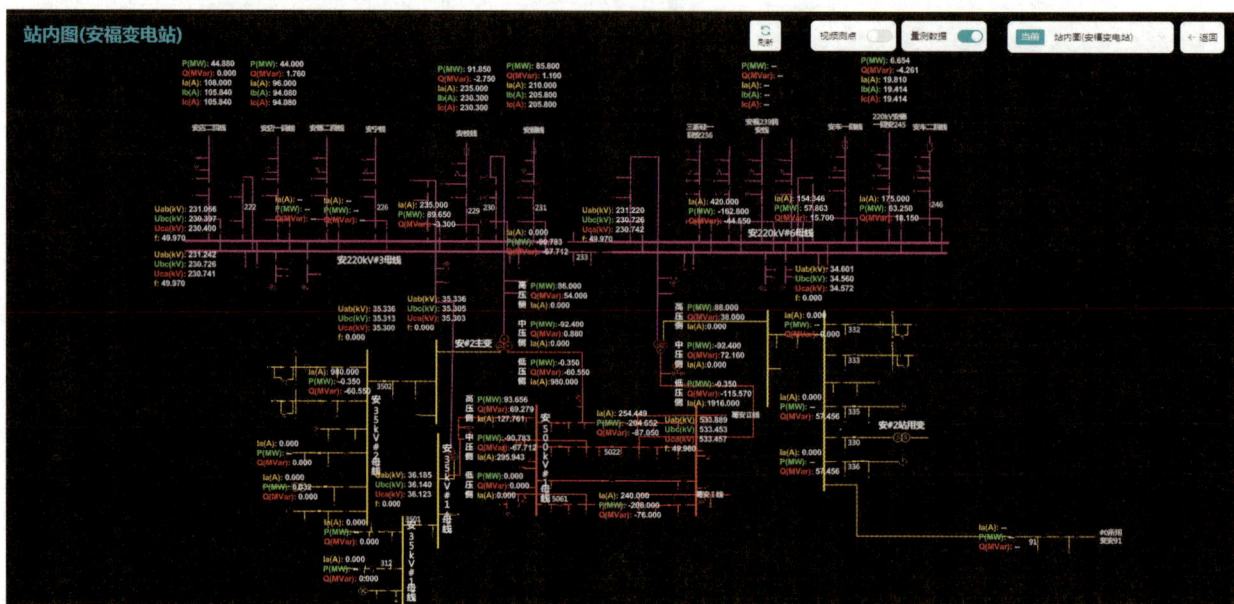

▌应用成效

- ▶ 设备图数一致率达 **100%**，主网数据准确率达 **99%** 以上，中压配网数据准确率达 **97%** 以上。

- ▶ 主网量测数据叠加准确率达 **98%** 以上，中压配网量测数据叠加准确率达 **97%** 以上。

- ▶ 服务新一代应急指挥、生产管控、线损管理等 **20** 多个应用建设。

20 基于电网一张图提升协同指挥质效

国网江苏、冀北电力，南瑞集团

▊ 总体介绍

依托电网一张图的图上服务、图上指挥能力，构建供电服务与保电指挥一张图，实现配网运营监测、过程管控、协同指挥等业务一体化图上作战，推动电网异常主动处置、配网故障主动抢修、停电信息主动报送，提升配网协同指挥质效。

▊ 主要做法

1 **构建实时研判停电信息池**
整线停电、分支停电、配电变压器停电、低压停电的全口径停电信息池。

获取停电事件	获取变压器清单
停电详情信息	停电公用变压器清单　停电专用变压器清单

2 **拓展停电分析至小区服务**
建立电网、用户、地图三者的关联关系，实现停电信息发布从线路、配电变压器视角向社区、小区视角转变。

获取停电小区列表	获取小区空间范围
根据公用变压器获取变压器下的用户小区列表　查询专用变压器用户获取用户小区列表	根据小区地址获取小区村庄边界范围坐标

3 **打造可视化指挥一张图**
展示人员位置和停复电状态，智能化调配队伍、物资、机械等资源，推动配网抢修与供电保障由"表单监控"向"可视化指挥"转变。

一张图可视化展示	
停电变压器清单展示及定位	停电小区清单展示及框选
小区停电用户清单展示及定位	……

▊ 应用成效

国网江苏电力 •
故障停电研判时间缩短至 **50** 秒以内，平均故障恢复时间下降 **5.6%**，辖区客户服务满意率超过 **99%**。

国网冀北电力 •
开展远程指挥、督查督办，节约保电成本约 **100** 万元。

南瑞集团 •
故障停电识别准确率达到 **99.8%** 以上，支持主动抢修工单精准派发、停电信息准确报送。

打造数字电网基础底座

21 企业级实时量测中心建设应用

南瑞集团

总体介绍

打造企业级实时量测中心，依托数据校核工具，持续提升电网一张图基础数据质量，同时汇聚新型电力系统全环节采集数据，推动各类业务应用贯通与灵活构建，实现设备透明化、数据透明化、应用透明化。

主要做法

实时汇聚采集数据

通过构建实时量测中心，推动电网全环节量测数据的实时汇聚与融合，为后续业务应用提供准确、高效的数据支持。

强化数据长效治理

以用促治，开展数据质量专项治理工作，常态化推进源端量测数据治理，着力提升实时量测中心数据质量，不断夯实量测数据基础。

整改验证闭环管理

对问题数据进行整改和验证，对于验证无法通过的数据，反馈至专职人员进行协调整改，确保实现常态化闭环管理。

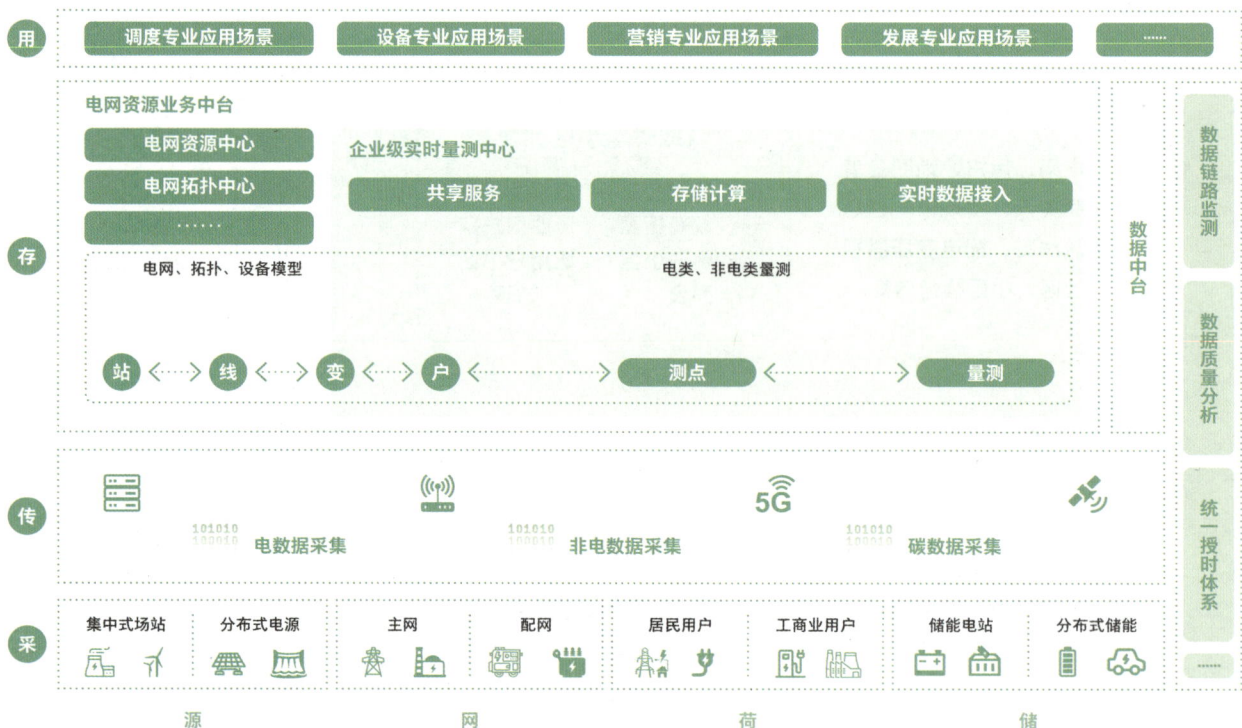

应用成效

量测数据接入

初步实现 **27** 家省公司三大源端电类数据接入（日均超 **1800** 亿条）。

数据质量提升

支撑主电网（简称主网）量测叠加率由年中的 **83.48%** 提升至 **96.79%**；配网量测叠加率由 **39.35%** 提升至 **95.31%**。

支撑场景应用

支撑各单位分布式光伏平衡预测、主变压器重过载、配网故障研判、配网计算推演等 **193** 个场景应用。

22 企业级气象数据服务中心建设应用

中国电科院、南瑞集团

❚ 总体介绍

围绕企业级气象数据服务中心顶层设计，健全统一气象数据模型，实现公司中台气象数据两级贯通，提升气象数据应用效果，为电网防灾减灾、新能源出力、电力交易等专业应用提供数据保障，助力电网安全稳定运行。

❚ 主要做法

气象数据统采统用机制

按照"共性数据统一购、个性数据自行购"原则，建立"需求评审、统一购置、全局共享"数据统采统用机制。

"两个结合"提升应用效能

结合电网一张图和迎峰度冬需求，加强电网设备与气象关联分析，深化寒潮、覆冰、舞动等预警预报，赋能生产一线。

气象支撑应急抢险提前规划

基于电网气象灾害预报预警分析，发布灾害隐患排查情况通报，规划应急仓库到救援点路线，为应急救援物资运输提供线路、距离、耗时参考建议。

电力气象服务平台建设应用

集成多源多元数据，实现全量数据纳管与开放共享，打造电力气象服务体系，围绕个性化需求，提供电力气象定制化数据服务。

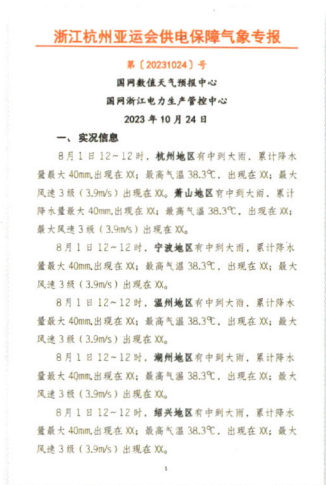

❚ 应用成效

节约数据投资 提升数据质量	促进数据共享 提升数据时效	拓展数据应用 加强融合赋能	全面试点推广 应用成效显著
节约采购投资 **5000** 万元/年	"两级贯通、整体共享"数据更新频率由 **20** 分钟 缩短至 **5** 分钟	支撑 — 总部部门 **7** 个　分部 **2** 个　省公司 **21** 个　直属单位 **7** 个	会商 **43** 次 预警 **71** 次
治理数据质量问题 **2.8** 万项/次			

23 设备全过程贯通赋能现代设备管理提升

国网福建电力

■ 总体介绍

设备全过程是业务全环节协同最核心的端到端业务流程，聚焦基层一线需求，以跨专业业务场景应用为核心，以数据贯通带动业务流程贯通和优化，推动设备全过程"三化三全"，支撑全环节"五好"工作，赋能现代设备管理智慧提升。

■ 主要做法

构建统一模型

规范物资、基建、设备专业间物理参数、试验数据业务描述和语法语义，实现设备物理参数模型、试验数据模型统一，汇聚设备试验、设备物理参数等数据。

强化实物 ID 关联

在物资采购、工程建设、运行维护、退役处置四个阶段，强化实物 ID 关联匹配，推进完成核心设备赋码，实现跨专业数据关联共享。

构建数据整装共享服务

基于数据底座，构建设备资产主数据，汇聚设备全过程数据，建立 14 个编码关联关系，构建 28 项统一数据共享服务，贯通设备全过程 5 大业务环节。

典型场景落地

汇聚设备相关信息并自动建档，动态、精准评价设备状态，科学制定运检策略和智能评价供应商。

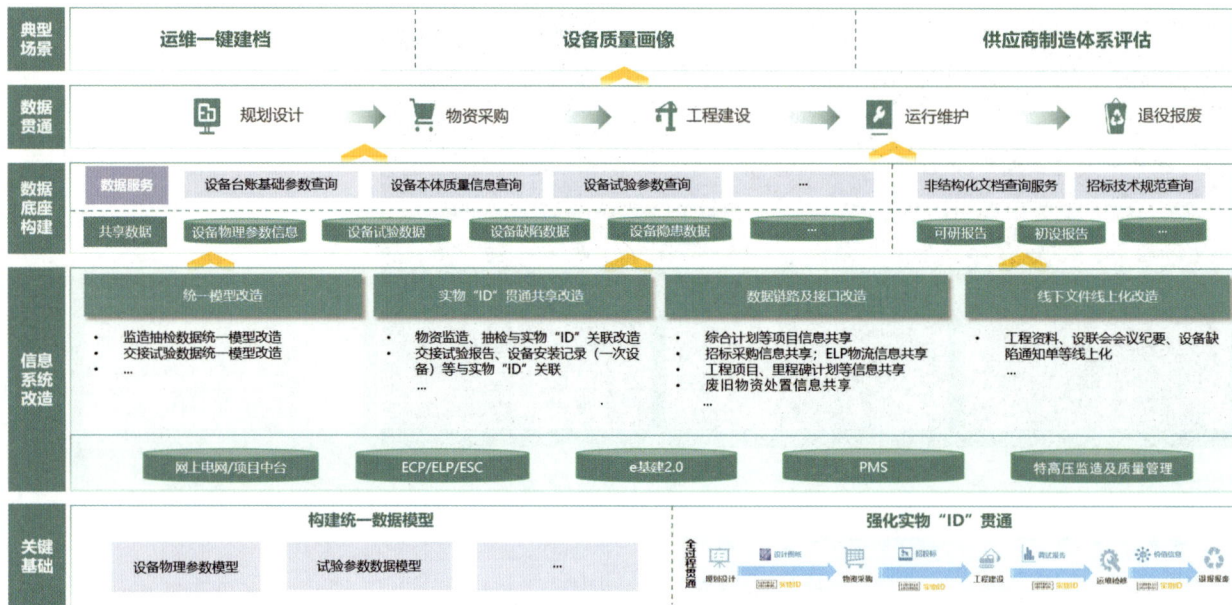

■ 应用成效

实现数据随业务伴生

贯通跨专业需求 **32** 项，数据项 **4964** 个。

提升设备管理效率

实现数据"录入者"向数据"审核者"转变，设备台账录入工作量大幅减少 **80%**，供应商绩效评价效率提升 **40%**。

24 基础数据底座质量水平提升

国网江苏、河北、四川电力

❙ 总体介绍

围绕设备资产、客户服务、电力能量流等三类基础数据，将数据治理融入电网生产、客户服务、企业经营三个维度，在开展业务过程同步完成数据治理，形成电网设备台账、客户基础档案、"账－卡－物"多维管控等数据治理典型场景，全面提升公司基础数据质量水平。

❙ 主要做法

数据治理与电网生产同步融合

国网四川电力研发六合一治理工具，推进电网一张图同源维护，实现网上电网、新一代应急等跨专业数据"同源同治"。国网江苏电力利用卫星遥感、高精度北斗等技术，辅助运维人员精准开展配网杆塔坐标、设备参数等数据治理。

数据治理与客户服务同步融合

国网河北电力将数据质量要求融入营销系统功能，开展营配一致、业扩接入等数据治理。国网江苏电力充分利用企业工商、物流地址等外部数据，辅助统一社会信用代码、客户地址等数据高效治理。

数据治理与企业经营同步融合

国网江苏电力融合开展PMS、OMS、TMS等多专业实物资产管理系统和ERP系统多源数据校核、在线监测，建立"账－卡－物"协同联动治理机制。

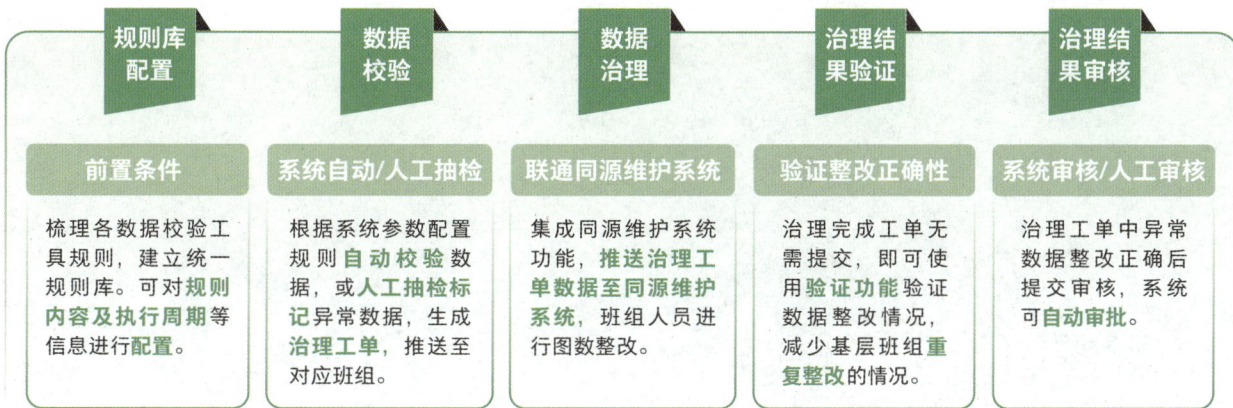

规则库配置	数据校验	数据治理	治理结果验证	治理结果审核
前置条件	**系统自动/人工抽检**	**联通同源维护系统**	**验证整改正确性**	**系统审核/人工审核**
梳理各数据校验工具规则，建立统一规则库。可对规则内容及执行周期等信息进行配置。	根据系统参数配置规则自动校验数据，或人工抽检标记异常数据，生成治理工单，推送至对应班组。	集成同源维护系统功能，推送治理工单数据至同源维护系统，班组人员进行图数整改。	治理完成工单无需提交，即可使用验证功能验证数据整改情况，减少基层班组重复整改的情况。	治理工单中异常数据整改正确后提交审核，系统可自动审批。

❙ 应用成效

国网江苏电力

设备坐标台账准确度由**85%**提升至**100%**，调度和设备档案匹配率、营配数据一致率达**99.9%**以上。

国网河北电力

治理工单周期由**3**天缩短至**1**天,10千伏线路存量数据图实一致率达**100%**。

国网四川电力

单一数据治理效率提升**50%**以上，累计完成中高压**64.2**万条、低压**431.6**万条问题数据治理。

赋能
公司高质量发展

习近平总书记在党的二十大报告中作出"加快构建新发展格局，着力推动高质量发展""加快建设世界一流企业"的重大部署。

国家电网公司推进数字技术在电网生产运行、客户优质服务、企业经营管理、基层赋能等各环节、各领域的广泛应用，优化重塑管理架构、业务流程、作业方式，全面提升数字化水平，助力"一体四翼"高质量发展和世界一流企业建设。

- 提升电网生产运行水平
- 提升客户优质服务水平
- 提升企业经营管理水平
- 提升基层赋能服务水平

提升电网生产运行水平

25 三维设计成果审查应用实践

国网山东电力

■ 总体介绍

聚焦输变电工程设计评审业务,构建输变电工程三维设计智能辅助评审应用,实现模型质检、交跨分析、模拟巡航等功能,创新输变电工程三维设计审查网上管理、图上作业、线上服务的评审管理业务新模式。

■ 主要做法

基于三维渲染能力,实现国网通用设计模型及三维设计成果在线展示,解决三维设计成果无法在线浏览的问题。

基于多源数据融合能力,实现交通路网、电网资源、生态红线、自然灾害分布等多维信息融合展示,解决三维设计与现场实际环境难以衔接的问题。

基于空间测算能力,自动分析计算平均档距、曲折系数、沿线地形分布等关键参数,实现各项审查要点在线智能审查,提升审查效率。

基于国网 GIM 规范,从图元、模型、属性多方面检测分析,快速实现 GIM 模型解析、质检、清洗、发布、展示、质检报告导出全过程自动化,提升质检效率。

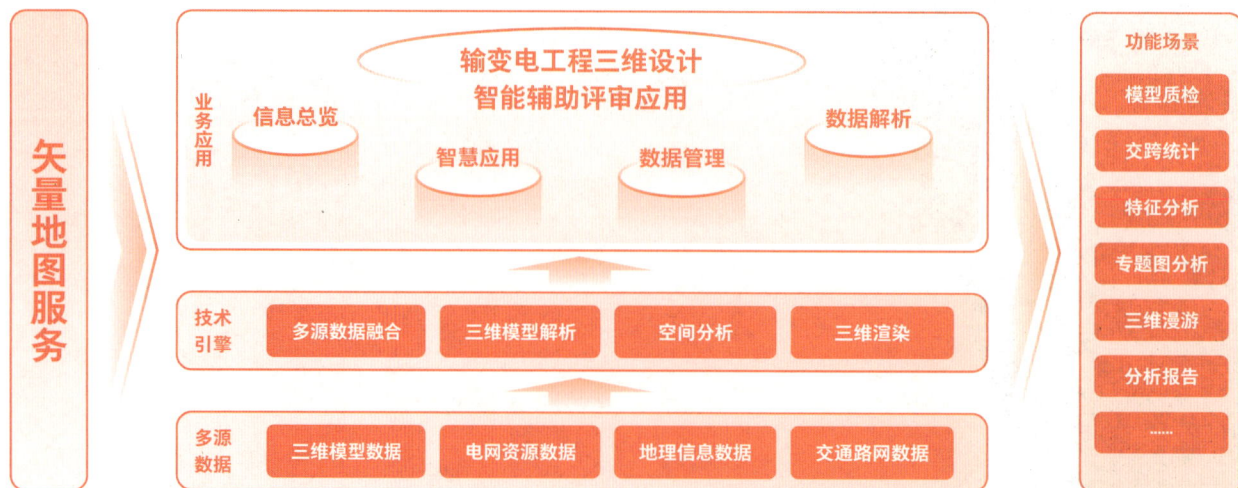

■ 应用成效

实现 **455** 项国网通用设计模型及 **303** 项工程三维设计成果的在线管理与智能审查。

通过与多源数据融合,充分还原工程现场环境,评审用时减少约 **20%**,极大节约人力物力。

通过模型自动质检快速准确发现三维设计缺陷,提高三维移交效率约 **50%**,保证三维设计移交数据质量。

26 e基建2.0建设应用

总体介绍

针对基建作业现场距离远、工程审批效率低等痛点，完成41个业务场景研发及试点应用，有效解决基建工程一线系统支撑不足、易用性差，质检文档归档不规范，工程流转"单轨制"运行不彻底等问题。

主要做法

优化线上移交模式

将初步设计、施工图设计和竣工图编制等阶段的设计成果通过GIS+BIM解析切片，优化线上移交模式，实现输变电工程设计成果集中管理。

集成应用电子签章

将统一密码服务平台电子签章嵌入各专业应用，实现基建业务线上签章，解决"线下审批、扫描上传"及"单轨制"运行不彻底的问题。

提升用户应用体验

优化工程文件在线签章、审批流转等功能体验，解决用户使用接受度差、基建系统"两张皮"等问题。

业务线上流转：表单在线填报 → 业务线上流转 → 在线电子签章 → 档案自动归集

电子签章：

制章			管章		用章	
签章申请	企业认证	签章创建	权限管理	签章注销	用章授权	在线签章

统一密码服务平台

应用成效

聚焦e基建2.0系统全量功能，在系统原型设计、测试验证等阶段开展用户体验度量，完成**39**个功能优化与用户需求闭环，助力打造好用、易用的e基建2.0系统。

完成**41**个业务场景研发及试点应用，推进相关业务线上单轨运行，有效解决纸质单据线下流转及签章耗时费力等痛点。

电子签章技术将在全网基建工程推广应用，按国家电网公司年均**7000**余个在建工程计算，预计每年节省成本近**7**亿元，大幅减少基层人员跑流程、跑签字的时间成本。

27 基建BIM平台助力电网工程建设提质增效

国网北京电力

■ 总体介绍

构建国产自主可控输变电工程三维可视化管理应用，推动工程三维设计深化应用，借助三维可视化管理优势，开展进度模拟优化，三维场景技术交底，安全、质量精细化管控，助力建设管理提质增效。

■ 主要做法

构建输变电工程三维可视化管理应用

基于 BIMBase 引擎，构建国产自主输变电工程三维可视化管理应用，形成企业资源库，具备三维业务管理能力，实现了工程数字化管控。

积累企业级共享复用资源库

建设完善标准工艺库、设备模型库、技术方案库等 10 个资源库，供不同项目间共享共用，形成有价值的数字资产，推动企业数字化知识共享。

开展项目级全业务场景应用

结合输变电工程建设业务流程，在工程各阶段，按照各专业需求，打造 23 个应用场景，实现工程现场"三维 + 业务"的管理应用融合。

支撑电网工程全链条数据贯通

依托应用功能将服务延伸至项目前期阶段，支撑电网规划、选址选线；同时，打通"设计－建设－运维"全链条，为数字化运维提供基础数据。

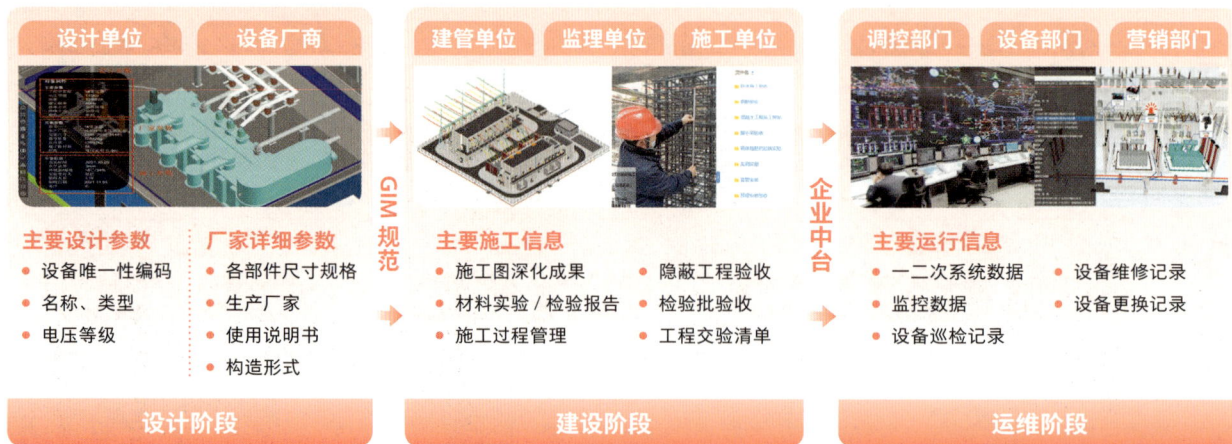

| 设计单位 | 设备厂商 | 建管单位 | 监理单位 | 施工单位 | 调控部门 | 设备部门 | 营销部门 |

主要设计参数
- 设备唯一性编码
- 名称、类型
- 电压等级

厂家详细参数
- 各部件尺寸规格
- 生产厂家
- 使用说明书
- 构造形式

GIM 规范

主要施工信息
- 施工图深化成果
- 材料实验 / 检验报告
- 施工过程管理
- 隐蔽工程验收
- 检验批验收
- 工程交验清单

企业中台

主要运行信息
- 一二次系统数据
- 监控数据
- 设备巡检记录
- 设备维修记录
- 设备更换记录

设计阶段　　建设阶段　　运维阶段

■ 应用成效

在施工程全面推广应用　　已在 **17** 家建管单位、**40** 项工程中推广应用，累计节支 **1148** 万元。

项目成果获肯定　　中电联鉴定委员认定项目成果达到国际领先水平。

28　电压互感器状态监测分析应用

国网湖南电力

■ 总体介绍

通过深入挖掘变电站电压实时数据价值，实现电压互感器健康状态的实时在线监测分析、异常状态预警和辅助决策，及时发现电压互感器早期故障，助力设备隐患排查，有效降低了电网设备安全风险。

■ 主要做法

构建横纵向三对比算法

通过对同站同相电压分组计算出平均值，创新建立各电压横向均差率对比、三相差值横向对比、历史日均差值纵向趋势对比等横纵向三对比分析算法。

实时监测异常及时预警

基于数据中台，每日从调控遥测数据中读取变电站日电压 96 点数据，实时监测电压微小异常变化，建立预警规则，对超阈值数据进行提前预警和辅助决策。

历史数据挖掘早期诊断

充分发挥并提升现有电压数据价值，调取 3~5 年历史电压数据进行趋势分析与全面状态诊断，及时发现电压互感器内部和二次回路早期故障隐患。

融合电网一张图实时展示

结合电网一张图，通过热力图实时展示各个地区变电站的电压互感器设备异常情况，可实现电压互感器异常状态的精准分析和超前预警。

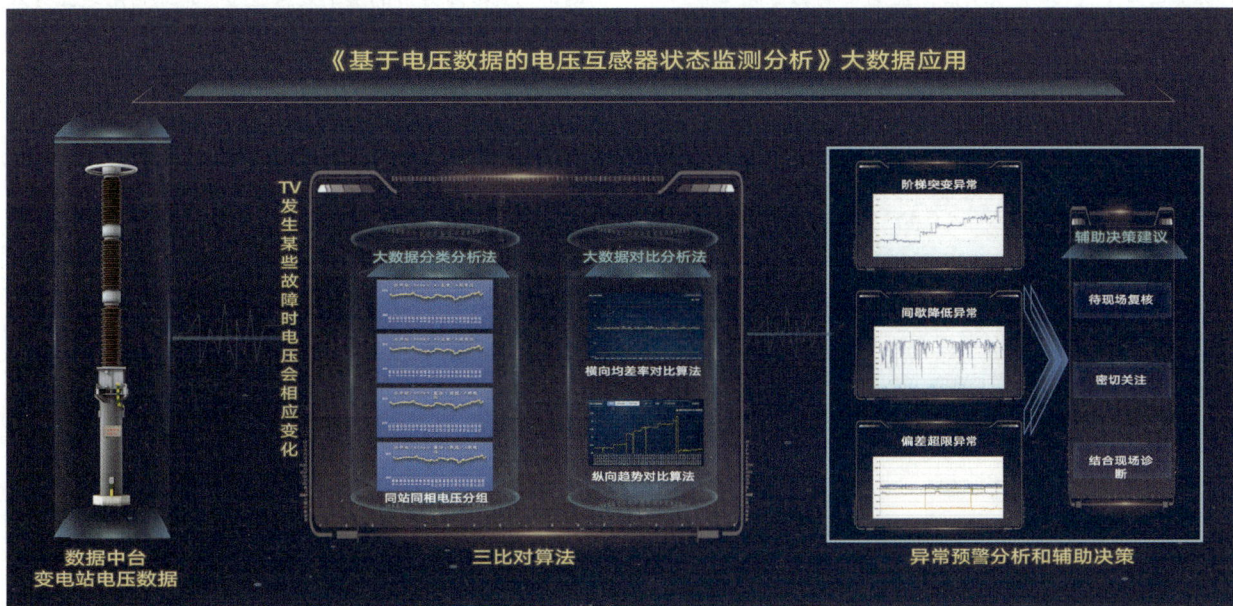

《基于电压数据的电压互感器状态监测分析》大数据应用

■ 应用成效

实现故障早期预警

对全省各变电站电压互感器进行全面诊断分析，累计发现异常设备 **54** 台，避免非计划停电 **10** 小时以上。

提高隐患排查效率

实现全省 **2800** 余台电压互感器实时监测，减少人工隐患排查用工 **300** 余人次。

29 输电故障智能处置能力提升

国网山东电力

■ 总体介绍

基于电网一张图完成故障管理"业务上图"改造，整合调度故障录波、环境气象等跨专业数据，结合可视化、无人机、移动巡视等业务模块，形成故障数据智能整合、自动研判、综合巡检、故障分析等全流程的故障管理新模式。

■ 主要做法

数据融合创新

聚焦故障处置等业务痛点，汇集故障录波数据、气象、雷电定位等多源信息，结合电网一张图距离测算服务，精准计算故障点，精准研判故障类型，彻底解决多系统反复查阅及频繁切换的难题。

业务融合创新

基于电网一张图实现可视化、无人机、移动巡检等各业务模块之间的全链条协同，最大限度缩短处置人员赶赴故障现场的时间，彻底解决多个系统针对同一设备频繁下发同类巡视任务的痛点。

算法识别创新

创新算法模型载体，构建多类模型与业务应用系统融合，实现海量数据分析、智能推送。人工阅图量由 600 万张/日降低至 30 万张/日，监测现场影像频率从小时级降低至分钟级。

自动分析创新

基于故障基础信息、设备信息、巡视信息和故障处置信息等多维度信息，自动生成故障分析报告，支撑从自动研判到故障分析的整个处置过程，辅助各层级业务人员进行故障分析和审核，实现故障全流程闭环管理。

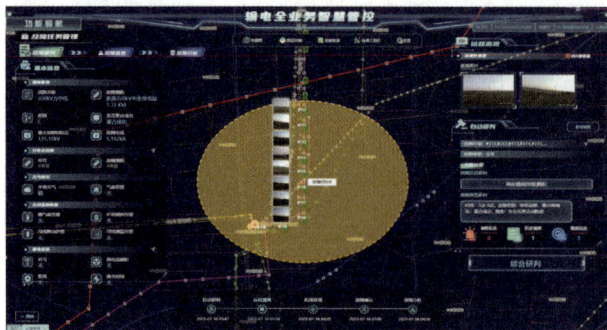

■ 应用成效

提高故障研判速度

多系统研判集成至单系统，故障查找时间缩短近 **80%**

提升隐患处置效率

隐患处置时间由 **小时级** 降低至 **分钟级**

缩短故障处置时间

故障处置时间缩短近 **50%**

30 无人区数字化运检体系构建

国网甘肃电力

总体介绍

依托电力北斗星网融合装置,创新无人区"动""静"结合数字化运检体系,提升无人区作业现场安全管控能力,助力密集通道运行状态可观、可测,安全风险可管、可控。

主要做法

应用星网融合装置

攻克电力"北斗+卫星通信"双网传输、设备运行远端控制、无源环境低功耗稳定运行等技术难点,应用电力北斗星网融合装置,实现密集通道核心区段逐塔可视和运行状态在线监控。

"静态"感知线路运行状态

在杆塔侧按需配备微气象、杆塔倾斜、导线舞动等7类在线监测终端,基于公司统一底座和中台路线,实时采集输电线路运行状态信息,为线路的稳定运行和隐患的动态研判提供基础数据支撑。

"动态"组建数字化运检队伍

配备电力北斗短报文手持终端、一体化卫星固定站、Mesh自组网等网络设备,支撑无人区一线班组开展无人机自主巡检、作业人员实时定位及移动通信、基于i国网的检修应用等场景建设。

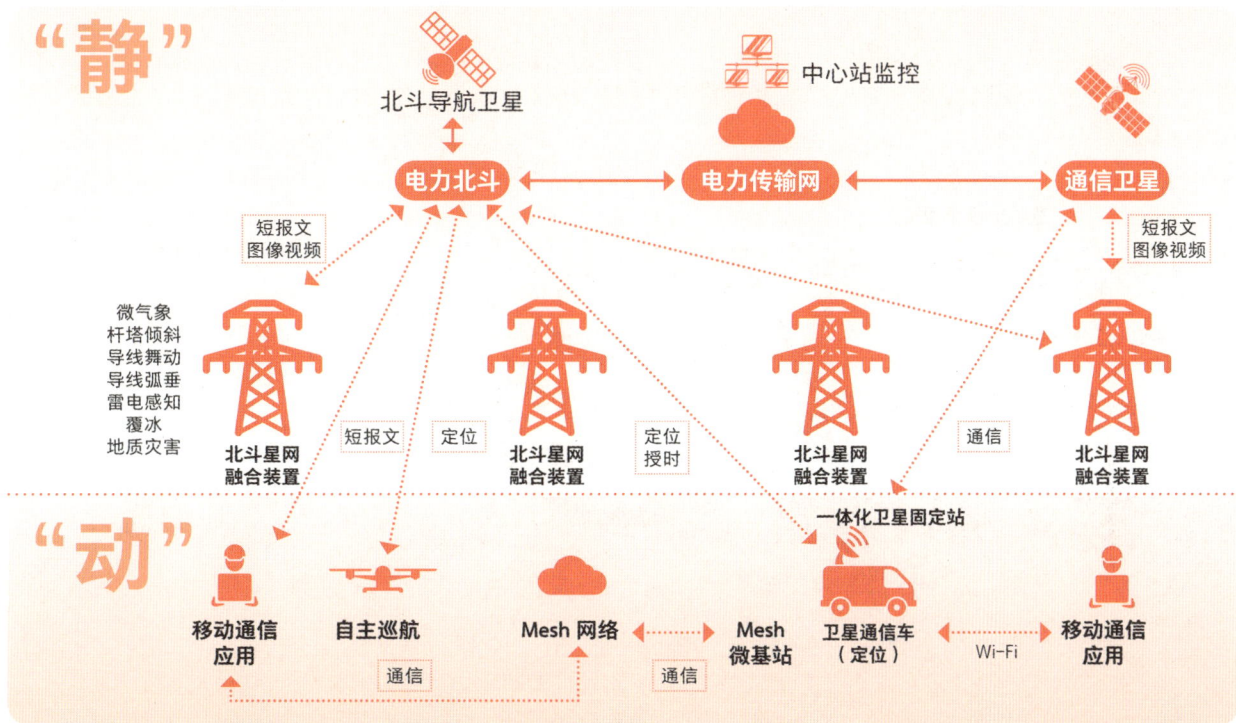

应用成效

实现河西走廊试点区内的密集输电通道"电力北斗+融合"网络**100%**全覆盖。

支撑运维人员在密集通道无信号区段巡视杆塔**600**基,无信号区单次精细化巡视时间缩减至**15**分钟以内。

协助三级输电集中监控人员及时发现并处置山(荒)火、施工机械外力破坏隐患**3**次。

31 打造业扩报装图上作业新模式

国网上海、江苏电力

总体介绍

聚焦营销业扩报装工作流程复杂、数据分散不易整合、智能化分析不足等痛点、难点问题，以电网一张图为数字底座，通过业务流程模式优化、多维要素智能统筹等多种方式，创新打造业扩方案图上作业模式，实现营商环境优化。

主要做法

优化业务流程模式 实现图上协同作业

通过电网一张图汇聚多方数据，营销、配电、发展等专业利用电网一张图查看现场位置、接入前后负载率，比较候选方案，实现业务模式优化。

智能统筹多维要素 实现图上方案比选

基于电网一张图和运行数据，得到用电位置附近线路的主变压器裕度、可用电源间隔等，筛选符合要求的电源接入点，综合考虑经济性和可靠性，形成推荐方案，生成答复信息。

综合配网两库清单 实现图上统筹规划

基于电网一张图和两库清单数据，根据供电方案的电源和供电路径开展两库问题统筹，辅助规划统筹作业，有效落地"接入一个，优化一片"的目标。

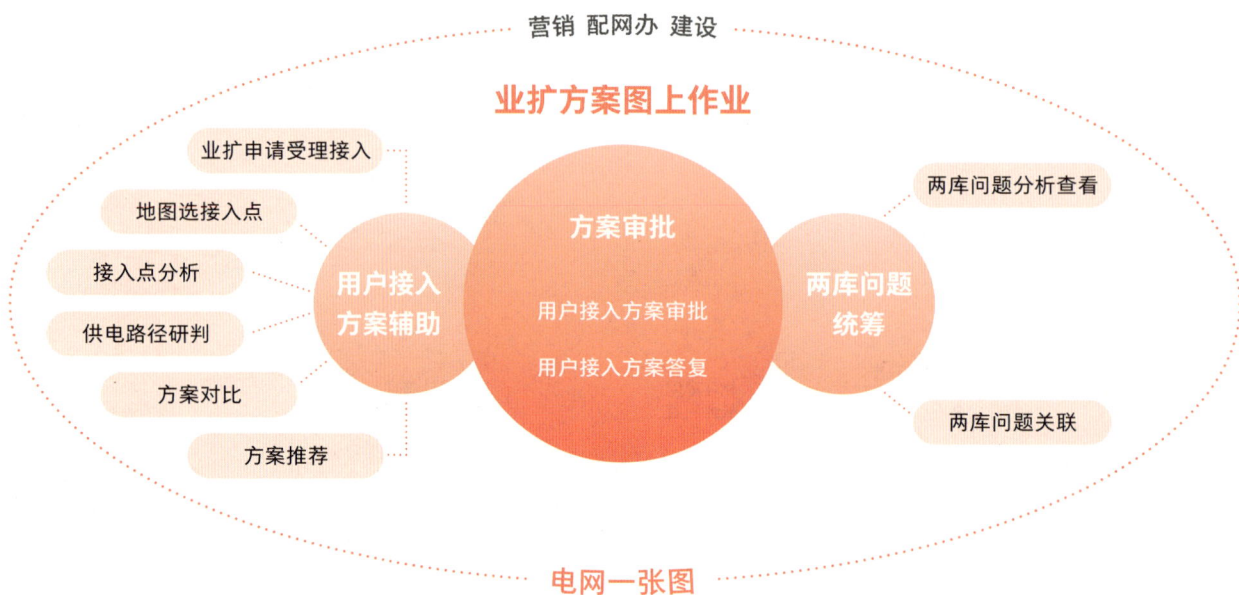

营销 配网办 建设

业扩方案图上作业

业扩申请受理接入
地图选接入点
接入点分析
供电路径研判
方案对比
方案推荐

用户接入方案辅助

方案审批
用户接入方案审批
用户接入方案答复

两库问题统筹

两库问题分析查看
两库问题关联

电网一张图

应用成效

优化工作模式

优化业扩方案业务流程，多部门现场实勘改为一次勘察，供电方案答复由原来 **7** 个工作日压降到 **1** 个工作日，提升工作效率超 **85%**。

巩固营商环境

拓展受理渠道，精简申请资料，线上业务受理比例达 **99.87%**。

32 客户服务智能分析应用助力优质服务水平提升

国网陕西电力

总体介绍

利用 RPA、自然语言处理等数字技术,深挖工单类别、故障信息、用电地址、舆情风险和敏感用户等多方面数据价值,打造客户服务智能分析应用,有效提升工单处置效率,提高用户满意度。

主要做法

95598 意见工单数据挖掘

将非结构化的意见工单数据结构化,深度挖掘工单潜在价值,筛选关键字段,多次校验优化,构建数据分析表,夯实工单分析应用基础。

分析场景减负增效

聚焦业务痛点,搭建指标管控、频停治理、重复致电、外溢风险等 6 个主题场景,一键生成 4 类专题报告,预警督办,全流程线上管理,赋能基层提质增效。

异常工况闭环管控

定位小区、台区、分支分段线路,分析停电次数、故障类型、工单高发时段等关联规律,异常问题标红挂起,确保责任班组早叫醒早回应,抓实抓细。

舆情风险事前预防

分析全量工单数据,归纳遴选投诉意愿、特殊群体、致电次数等 11 个舆情风险点,赋权计算,建立敏感工单台账,分级分类细化管控,筑牢舆情风险防线。

应用成效

覆盖 10 千伏线路 **294** 条、台区 **3147** 个、供电所 **14** 个。

工单处理效率提升 **45%**,专题报告编写时长减少 **95%**。

95598 投诉工单下降 **33.33%**、意见工单下降 **37.87%**、12398 投诉工单下降 **36.84%**。

33 "刷脸"办电新模式探索与应用

国网客服中心、国网福建电力

总体介绍

基于网上国网重塑办电服务流程,建立跨行业、跨部门协同机制,构建"刷脸办、一证办"与供电业务"联办"服务模式,实现"一件事一次办",提升用户体验及办电效率。

主要做法

建立政企通信专线

实现经营区域内与省政务平台政务通信专线全建立,为政企数据交互奠定网络基础。

规范数据安全交互与管理

定义数据共享流程和数据标准格式,建立政务统一用户标准及数据调取交互标准与监测机制。

构建供电业务联办机制

开展"供电业务一次办、公共服务联合办、跨省业务一网办"业务专项整合工作,实现"水电气讯联办""销户+退费""过户+改类""更名+增值税变更"等 6 项业务联合办。

创新电子证照应用模式

基于"互联网+认证"模式,从政务平台调用不动产登记证等证照信息,支撑用户线上办电。

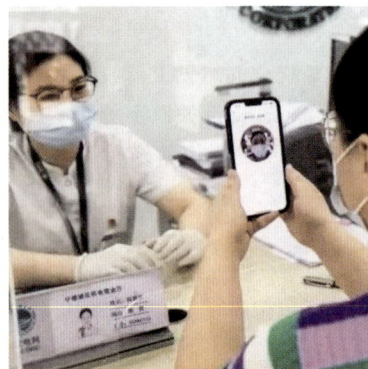

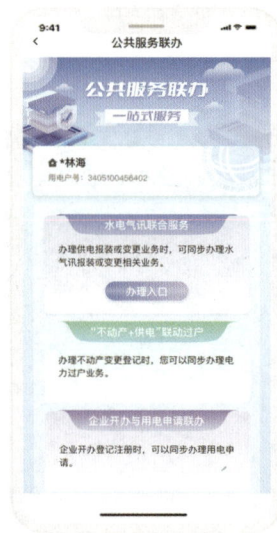

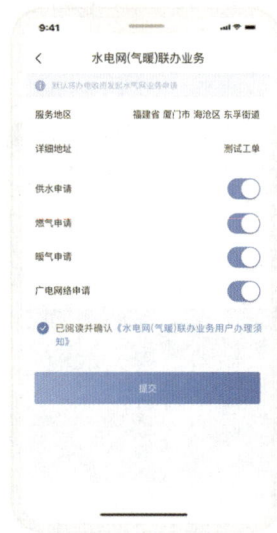

应用成效

业务应用规模

9 项
高频办电业务全覆盖

112 家
地市上线"水电气讯"联办

提升办电效率

申请资料精简
61%

办电环节减少
46%

节约交通成本

服务工单量
69.45 万

节约成本
6000 余万元

减少跑腿约
800 万次

34 数字技术赋能智能服务场景多元化应用

国网客服中心

提升客户优质服务水平

总体介绍

按照"先易后难，边建设边优化"的原则，利用人工智能技术构建智能服务场景，实现电费电量查询、故障报修等高频业务多元化和精细化管控，支撑智能客服规模化应用。

主要做法

完善业数融合管理模式

打造集业务、研发、运维专业人员于一体的"业数融合"智能服务团队，完成 51 个智能场景建设；组建用户体验团队，制定并完成 94 项优化举措。

提升语音机器人服务能力

升级语义理解模块功能，意图识别率提升至 93%；推出全语音门户导航，改善智能服务体验；构建外呼数据线上传输通道，实现省公司外呼数据的自动传输。

拓展文本机器人覆盖范围

完成网上国网 APP、微信公众号文本机器人部署应用，提升在线渠道智能服务能力。

积极探索大模型应用

承担公司大型语言模型关键技术研究和应用科技项目，推进营销领域智能客服技术及模型成果落地示范应用。

95598 → 服务导航 → 意图识别 → 身份验证 → 信息研判 → 结果播报

| 户号查询场景 | 故障报修场景 |
| 出账期主动外呼场景 | 电量电费查询场景 |

应用成效

场景建设

基于 95598 呼叫平台、网上国网 APP 等渠道完成服务场景智能化应用
51 个

服务分流

语音机器人日均服务量
12.27 万通

平均分流率
40%

文本机器人日均服务量
7.79 万通

平均分流率
70%

运营支撑

2023 年话务最高峰
5.3 万通

智能客服日均回访电话
1.1 万通

提升客户优质服务水平

35 大数据赋能营销购电精准预测

国网河南电力

总体介绍

贯通营销系统、用采系统、调控云平台数据链路，整合电量、负荷、气象等六类基础数据，创新量化分析电量与气象因素的关联度模型，将负荷与气象数据的关联度分析精确至小时级，有效提升预测精准度，实现大数据挖掘应用与中长期及现货购电交易业务的有机融合，支撑购电业务高效开展。

主要做法

月度电量多维度预测

细分区域、用电类别等多种维度，开展代理购电用户电量结构解析，建立月度电量网格化预测模型，切实提高代理购电月度电量预测准确率。

月内电量多频度预测

量化分析各用电类别电量与 9 类气象因素关联性，建立月内电量滚动预测模型，实现代理购电用户电量多频度滚动预测。

分时负荷网格化预测

将供电台区按地理位置划分为网格，聚类分析网格负荷特性，构建网格化负荷预测模型，实现省内电力缺口、时段精准定位。

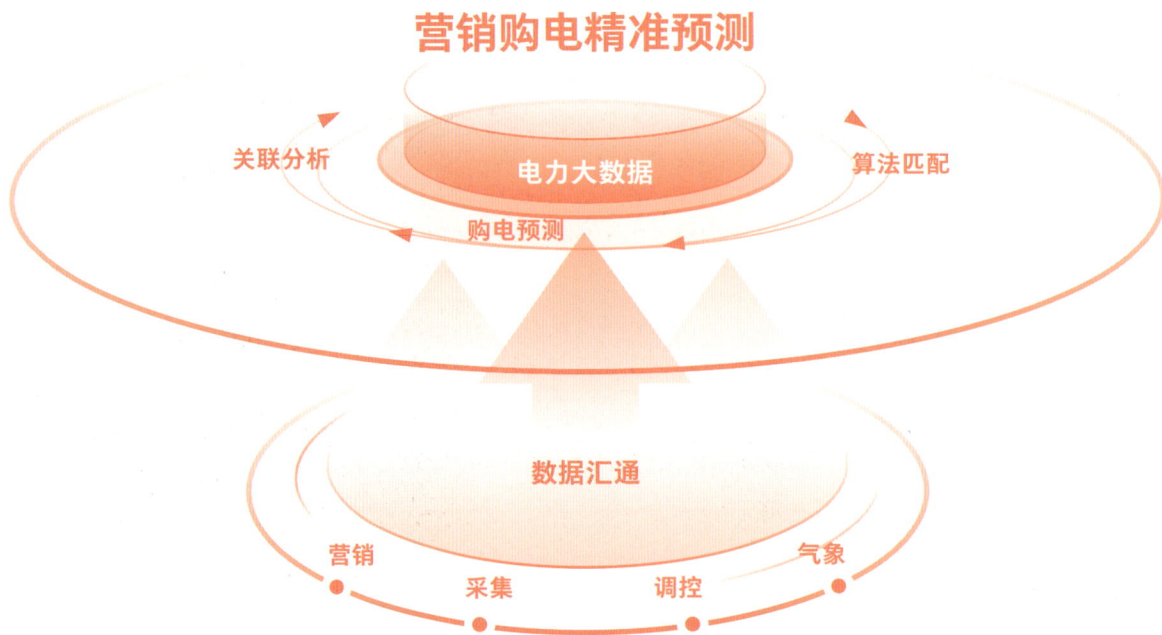

营销购电精准预测

应用成效

96.86%	95%	86%
代理购电 预测准确率	代理购电 购电准确率	高峰购电价格 同比减低

36 打造智慧能源管控应用

国网综能服务集团

▮ 总体介绍

应用大数据分析组件和人工智能算法，优化园区清洁能源资源配置，驱动园区能源管理智慧化、服务精细化、利用高效化，打造"能源＋城市""基准＋赋能"模式，提供综合能效服务。

▮ 主要做法

—— 提供多场景智慧服务 ——

依托"服务＋业务"模式，联动智慧交通等十余个应用，打造"能源云＋智慧能源管理体系"，实现各应用间自律协同，满足各类用户应用需求。

—— 建设能源互联网生态圈 ——

打造一体化应用，提供跨行业数字能源信息共享服务、智慧高效能源公共服务、综合能源一体化运营管理等服务，实现一体化联动。

—— 搭建灵活架构和坚强通道 ——

推进多能源分散供给和网络共享，提供三维实景监测场景，实现源侧和用户侧的智能互动及多能协同互补。

—— 创新"点餐"式服务模式 ——

以"餐馆"模式对应用已有功能进行产品化封装，通过对用户的痛点进行深入分析，依托灵活的业务资源池，寻找最能满足客户需求的功能业务套餐。

▮ 应用成效

接入点位规模巨大

项目共计接入 **23000** 个点位。

建筑节能效率提高

减少建筑能耗 **18%** 左右，预计节约运行成本 **360** 万元／年。

减少碳排放效果显著

年均发电量约 **55.56** 万千瓦时，减排二氧化碳约 **462.4** 吨。

37 打造人力资源数字运营新机制

国网陕西电力、国网信通产业集团

■ 总体介绍

按照"盘、规、治、用"的数据资产管理总体思路,以"数据融合""数据治理""常态机制"为抓手,建立健全"1+3"人力资源数据治理体系,全面规范数据质量,有效挖掘数据价值,构建人资数字运营新机制。

■ 主要做法

组建智囊,全面加强数据管理

搭建数字化智囊团,组建数字化课题研究柔性团队,多渠道培训提升人员数据应用能力,提升部门整体数据分析及应用能力。

盘点数据,创建专业化管理机制

从源端梳理数据目录、编制数据字典、绘制数据地图,形成人资数据业务图谱,摸清"数据家产",快速定位数据,实现用数据建模。

研发工具,全面开展数据治理

研发数据规则制定、数据定期治理、数据分类核查、数据实时评价的实用化应用工具,实现数据治理任务自动下发、数据管理过程闭环、数据结果实时评价。

挖掘价值,推动数据闭环应用

设立数据治理校验规则"提名榜",对提报新增校验逻辑的单位及个人实行奖励,鼓励全员成为"数据巡检专家",集全公司之力不断提升人资数据质量。

■ 应用成效

▶ **实时监测,数据质量**

实时监测本单位人资各专业模块的存量及增量数据,确保人资数据的准确性和完整性,及时发现数据质量问题数据质量。

一致性	完整性	准确性
99.74%	**99.77%**	**99.90%**
有效性	及时性	唯一性
99.93%	**98.09%**	**99.78%**

组织管理	员工管理	教育管理
200 条	**231** 条	**3** 条

▶ **异常数据,自动预警**

设置合适的监控指标和阈值,自动监测人资数据的质量和合规性,在数据异常或风险出现时发出预警,帮助公司持续改进数据治理的流程性和规范性,提高数据治理成效。

38 多维精益管理变革重点场景建设

国网安徽电力

■ 总体介绍

面向各级经营组织，聚焦每笔资源投入，深化多维精益数据成果应用，贯通业务和财务信息链路，将精益理念嵌入业务全过程，把管理行动延伸至最末端，推动实现业财一体化。

■ 主要做法

| 检修运维成本精益管理 | 跨区资产投入产出分析 | 深化应用内部模拟市场 |

建立"一体四库"标准成本体系，贯通业财工单数据链路，搭建标准成本测算模型，实现运维成本规模一键测算。

在工程资产全链管控模块嵌入价值管理实践模型，构建分析指标体系，直观展现和评价产出绩效和综合效能，辅助经营管理决策。

盘活利旧营销计量资产；建立量化考核体系，全面评估供电所及员工绩效；聚焦项目管理，精益管控监理企业合同执行。

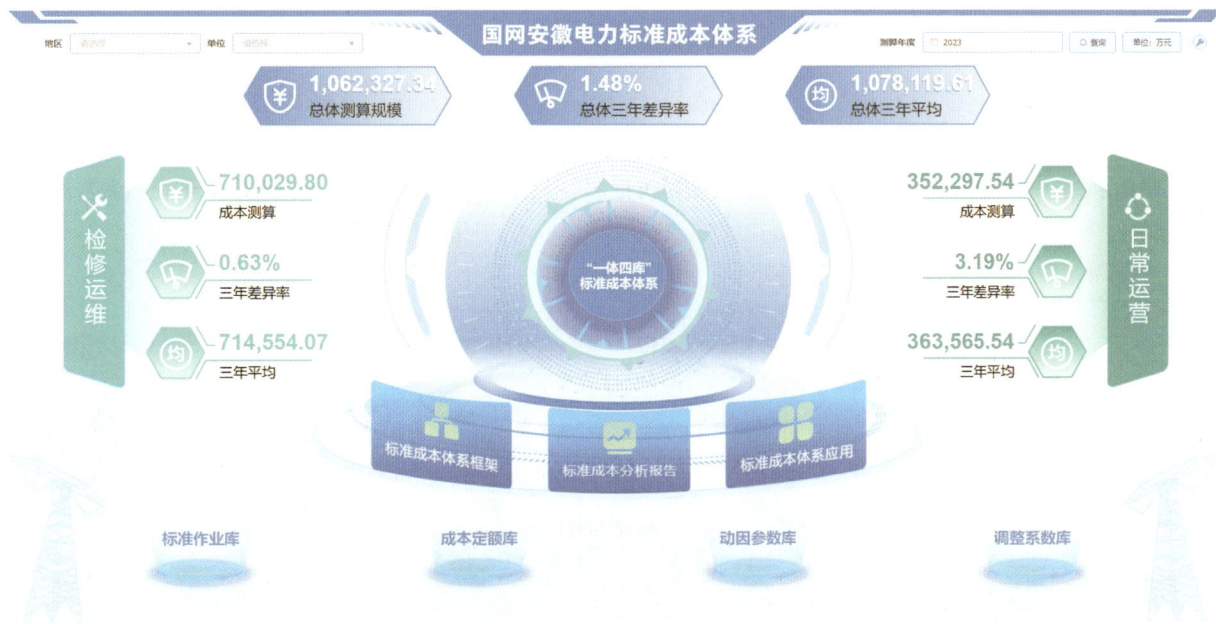

国网安徽电力标准成本体系

跨区 单位 测算年度 2023 单位：万元

1,062,327.34 总体测算规模　1.48% 总体三年差异率　1,078,119.61 总体三年平均

检修运维
710,029.80 成本测算
0.63% 三年差异率
714,554.07 三年平均

"一体四库"标准成本体系

日常运营
352,297.54 成本测算
3.19% 三年差异率
363,565.54 三年平均

标准成本体系框架　标准成本分析报告　标准成本体系应用

标准作业库　成本定额库　动因参数库　调整系数库

■ 应用成效

资源配置优化

基于评价结果，针对性优化某站运检策略，2023年运检费用降低 **12.1%**，停电时长降低 **8.6%**，综合绩效大幅提升。

业绩精准评价

国网休宁县供电公司实施绩效管理体系，供电所人均管理台区容量同比提高 **36.09%**，故障停电下降 **55.99** 万千瓦时，减少经济损失约 **32.05** 万元。

管理质效提升

应用标准成本体系，预算编审时长减少一半，为基层人员减负；基于投入分析，优化运检策略，合理压控成本 **9000** 余万元。

39 财务工作无纸化规模化应用

国网蒙东电力

▌总体介绍

依托智慧共享财务平台，试点打通业－财－税－银－企一体化数据链路，实现电子发票、银行回单等电子凭据全流程无纸化流转，业务单据自动化填报，会计电子档案自动化归档，同时嵌入内控规则，实现业务发生环节的实时检查、合规性控制。

▌主要做法

内部报账无纸化

上线无纸化报账功能，实现发票、银行回单等会计凭据及电子入账凭证采集、报销、入账、归档等环节全流程无纸化流转。

外部结算无纸化

上线发票上传、发票查验、资金支付等无纸化处理功能，实现供应商足不出户即可完成业务办理。

风险管控智能化

规范 35 类无纸化单据线上化处理，固化 242 个内控规则，实现在业务发生环节的实时检查、合规性控制。

数字技术实用化

应用机器人流程自动化（RPA）、光学字符识别（OCR）、移动互联技术，实现原始凭证高效采集、自动归档，智能填报、移动审批。

档案管理专业化

拓展专业档案管理维度，实现资金、税务、物资、商旅等业务过程无纸化档案资料全量自动化归集，统一集中管理。

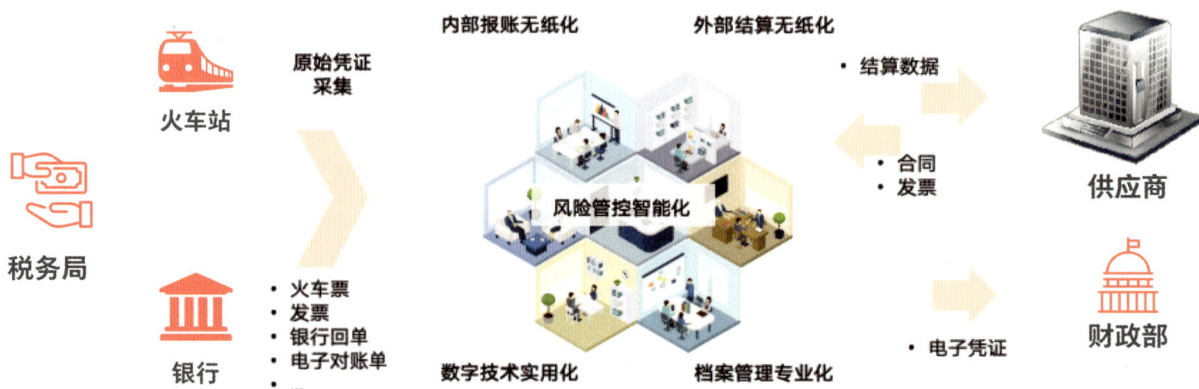

▌应用成效

显著降低经营成本

年均减少

管理用工	耗材费用	碳排放
2484 人天	**599** 万元	**520** 吨

有效提升工作质效

单笔业务处理时间由	缩短至
2 天	**30** 分钟

40 供应链一体化协同数字创新实践

国网物资公司、国网浙江电力

■ 总体介绍

建设全域采购合同管理应用，贯通链上业务流、实物流、资金流、信息流，提升供应链效率、效益、效能。基于现代智慧供应链管理体系，建设主网项目数字化履约应用，贯通工程建设进度，实现物资供应与建设进度精准匹配。

■ 主要做法

国网物资公司

全链条数字化协同

通过合同条款结构化部署和实物ID线上映射，实现"工程-物资-财务"进度匹配和数据互信。

电子单据贯通结算管理

全面应用数电单据，应用供应链金融，提升供应商资金利用率。

智能工作台加强信息融通

汇聚链上业务数据、建立分析模型，提高数据共享和管理决策能力。

国网浙江电力

多模块信息贯通

通过数据中台获取项目里程碑信息，实现物资供应与建设需求节点匹配。

多维度履约管控

从项目、物资、供应商三个维度展示履约业务流程，实现物资供应履约全过程管控。

多方位风险防范

对项目物资集中供应、供应商集中供货的履约风险进行分析和提示，降低物资履约风险。

全域采购合同管理应用

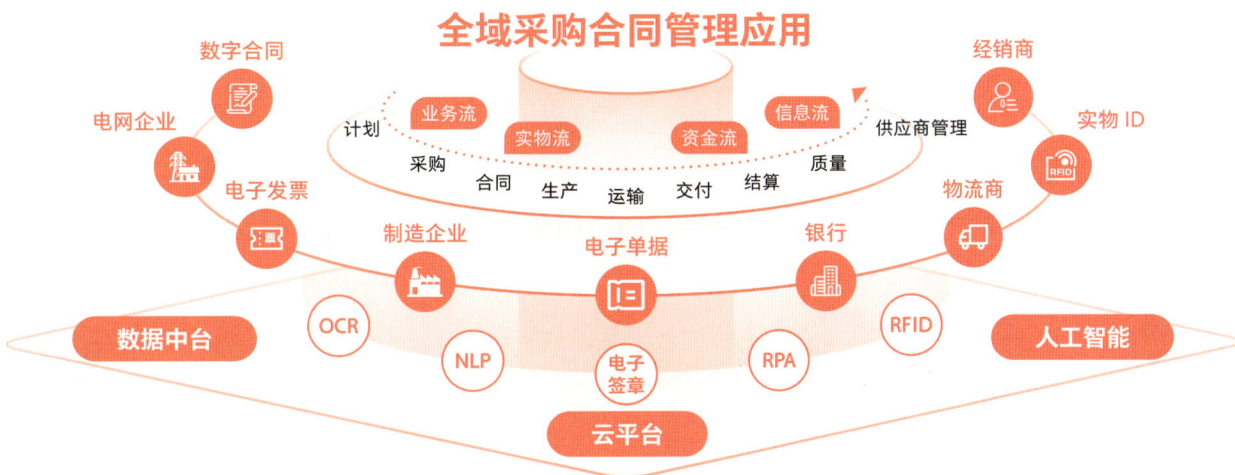

■ 应用成效

国网物资公司

实现全网物资合同在线签订金额 **2.82** 万亿元；实物ID覆盖范围至 **110** 类；应用数电票据和供应链金融降低供应商资金占用 **140** 亿元。

国网浙江电力

累计实现 **120** 个输变电工程重点物资 **4526** 条供应计划的全流程数字化管控，解决供应商集中供货的履约风险 **11** 条，确保亚运保电、迎峰度夏、迎峰度冬等重点工程物资 **100%** 精准完成供应。

41 数字化审计应用实践

国网安徽电力

■ 总体介绍

聚焦重大政策决策部署、核心业务和关键领域，构建基于"象－数－理"循环的可拓展、可迭代、可融合、可展示的数字化审计全场景体系，有效推动上下一体数字化审计转型发展，提升审计工作质效。

■ 主要做法

全力夯实数据"基石"

基于数据中台单独划分项目空间，构建省级审计数据超市，累计拆分并向 18 家基层单位下沉 2700 余张数据表，满足各单位数据分析需求。

打造审计数据标准体系

梳理审计数据涉及的数据字典、数据来源、业务逻辑等链路关系，应用知识图谱技术建立审计数据全链条血缘关系，提升数据可读性和易用性。

发挥两大"法宝"作用

构建总部、省、市公司三级垂直互动和实时交互工作机制；基于数字化审计平台，初步实现"一键式生成"疑点线索的自动研判和推送。

精准服务公司高质量跨越式发展

梳理 800 余项业务环节的数据来源、链路关系和风险等级，建立外部监督常态数字化审计扫描、跟踪机制，实现整改在线闭环管理。

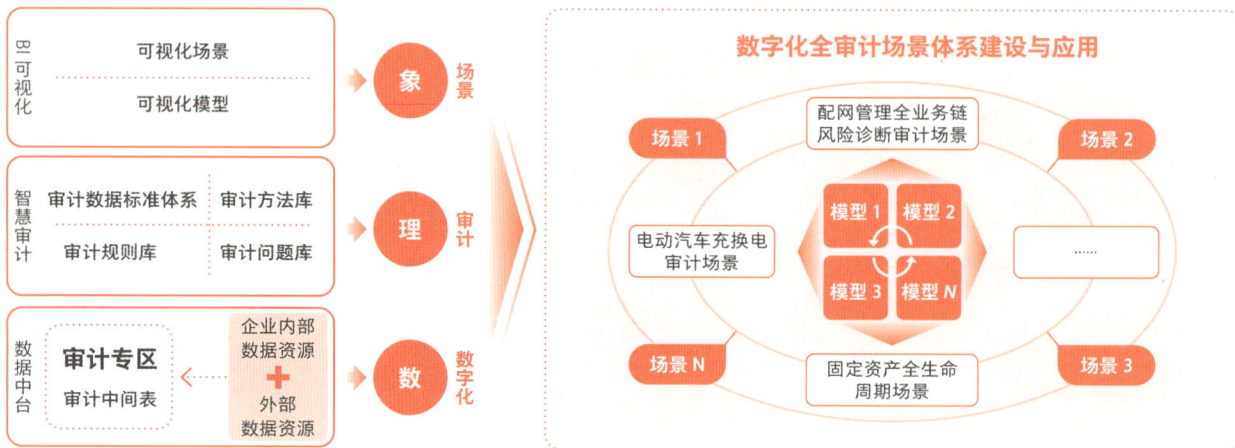

■ 应用成效

社会效益

2 个审计模型分别获得国务院国资委"智能监管业务模型创新活动"卓越应用奖、杰出应用奖；**1** 项实践成果获国务院国资委"首届国企数字场景创新专业赛"一等奖。

经济效益

2023 年累计节支 **0.78** 亿元，清理债权债务 **1.40** 亿元，解决历史遗留问题 **3** 项，修订管理制度及优化业务流程 **51** 项。

管理效益

单个审计项目时长缩短 **33%**，现场审计人员数量压减 **25%**。

42 基于企业大脑的经营合规管理与智能决策

国网江苏电力

▌ 总体介绍

通过汇集各专业制度规程、生产经营管理、项目全过程资料等全口径数据，构建项目合规规则库，运用文本识别等人工智能技术实现关键信息智能提取，推进项目自动合规校验，实现数据驱动、流程优化、数据赋能。

▌ 主要做法

多模态数据汇聚

基于数据中台，汇集并贯通全面预算管理、ERP等9个应用的项目全过程结构化数据及非结构化文件。

文本提取智能

引入通用文本提取工具，完成数字化项目33个文档的非结构化数据提取，内容包括文本、表格和签字盖章。

规则计算灵活

基于规章制度梳理可落地的基础合规和业务合规两大类合规规则库，自研规则库和规则引擎，实现规则自定义配置。

结果应用丰富

单个项目的360度全过程合规校验50秒完成，自动生成合规检测报告。通过短信、待办将合规结果推送给项目负责人。

项目全过程文档资料

项目储备　项目立项　招投标　合规依据　企业大脑　项目结项归档　结算审计　项目实施

项目实施

项目全过程合规检查

时间合规性问题
例：中标通知书下达超过30天，仍未签合同

费用合规性问题
例：可研批复金额与储备项目不一致

文档完整性问题
例：缺少中标通知书

字段缺失问题
例：上线试运行验收申请单缺少数字化部签字

▌ 应用成效

大幅提升项目验收校核效率

落地 **257** 条全过程规则，引入文本提取工具，智能提取关键信息，实现项目自动化校核。

大幅提高数字化项目自动化合规校验能力

完成 2022、2023 年 **1227** 个数字化项目的自动化合规校验，检查效率提升 **80%**；对纪检监督 **202** 条预警信息开展线下核查，查实率由 **19%** 提升至 **39.11%**。

43 指标管理移动看板助力智能辅助决策

国网辽宁电力

■ 总体介绍

"辽电 e 数享"是落实卓越辽电三年工程的主要举措。通过全面落实数据主人制，差异化分配管理权限，搭建全业务、全岗位全覆盖的指标数据管理体系，实现全业务、全岗位指标数据开放共享，辅助支撑未来管理规划合理制定。

■ 主要做法

搭建全业务汇聚指标展示场景

通过汇聚全业务核心指标，涵盖核心指标 378 个，实现业务数据一站式可视化展示，轻松把握业务动态，推动公司整体业务发展。

打造全岗位覆盖责任指标体系

梳理形成各岗位职责相匹配的责任指标，覆盖 2988 个岗位，各岗位均能全面、清晰了解自身在整个业务流程中角色定位，更精确把握业务动态。

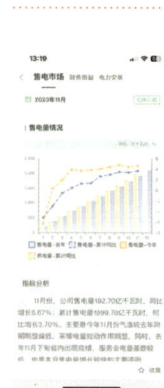

构建贯穿省市县所四级指标管理架构

通过将指标管理贯穿省市县所四级，构建穿透国网辽宁电力本部、所属 14 家地市供电公司及下辖县所、19 个业务支撑单位、2 个省管产业单位的指标管理架构。

应用 AI 技术深化指标智能分析

聚合各类数据资源，探索高效数据查询算法，完善数据分析和决策支持，基于大语言模型先进技术实现智能化指标分析，推进公司指标管理工作智能化发展。

■ 应用成效

实现全业务、全岗位指标数据开放共享，数据流转时长压降 **46%**。

开发移动应用，减少指标管理人工成本，节约人工费 **1500** 余万元。

减少各业务、各岗位、各层级协同工作时长，人均指标管理工作效率提升 **30%**。

结合指标智能分析结果，合理制定未来管理规划，相关经营决策准确率提升 **25%**。

44　清除重复录入和双轨制，切实减轻基层应用负担

国网河北电力

总体介绍

按照"广泛发动、全面收集、同步治理、长效管控"的思路，扎实开展清除重复录入和双轨制专项行动，迅速开展存量问题治理，同时在信息系统全生命周期各环节建立常态管控机制，坚决杜绝新增重复录入问题和双轨制问题，切实推动数字化赋能基层减负。

主要做法

**广宣传
抓问题**　编制《清除重复录入和双轨制专项行动工作方案》，向各专业部门和市县级单位宣贯。建立门户网站专栏、宣传小视频、i国网服务号等多种宣传渠道，全面收集问题线索。

**细分类
抓整改**　逐项分析57项问题产生的根因，归纳总结为专业内部重复录入、跨专业重复录入等多项问题。通过分类采取接口贯通、中台共享、RPA等方式扎实推进问题闭环整改。

**建机制
抓管理**　以权威数据源为依据，在设计、开发、运行、使用各环节杜绝重复录入，明确数据主人和源头系统。健全完善信息系统全生命周期管理的长效机制，杜绝新增重复录入问题和双轨制问题。

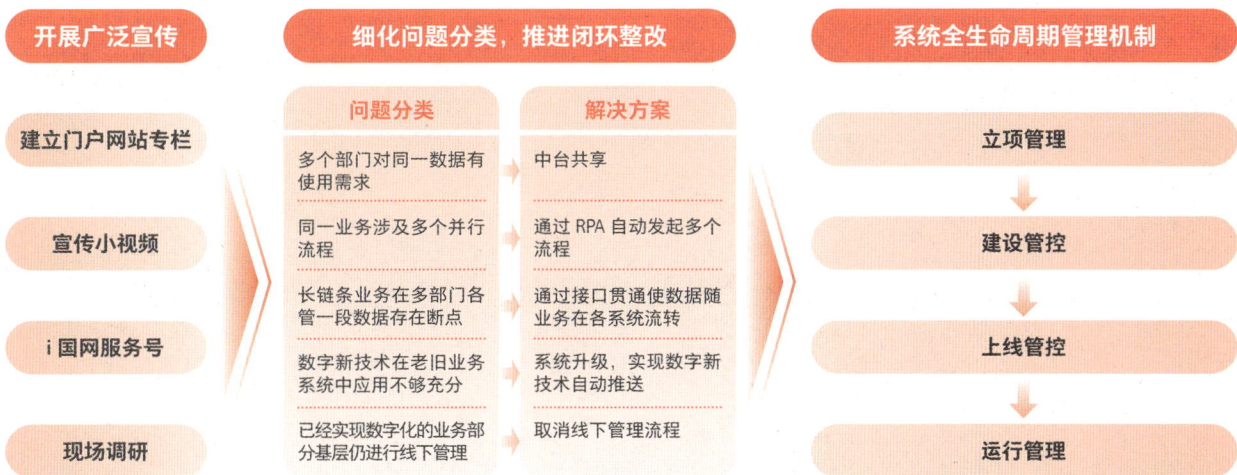

开展广泛宣传	细化问题分类，推进闭环整改		系统全生命周期管理机制
	问题分类	**解决方案**	
建立门户网站专栏	多个部门对同一数据有使用需求	中台共享	**立项管理**
宣传小视频	同一业务涉及多个并行流程	通过RPA自动发起多个流程	**建设管控**
i国网服务号	长链条业务在多部门各管一段数据存在断点	通过接口贯通使数据随业务在各系统流转	**上线管控**
现场调研	数字新技术在老旧业务系统中应用不够充分	系统升级，实现数字新技术自动推送	**运行管理**
	已经实现数字化的业务部分基层仍进行线下管理	取消线下管理流程	

应用成效

**扎实推进
问题治理**

累计组织 开发接口	建立中台 共享场景	累计RPA 同步场景	取消 线下流程	下线应用 （模块）	上线应用 （模块）
29个	**6**个	**3**项	**17**项	**16**个	**2**个

**切实减轻
基层负担**

减少基层重复录入和线下流程约 **64** 万次/月

45 深化RPA规模化应用，提升基层工作效率

国网浙江、陕西电力

总体介绍

国网浙江电力聚合配网台区及低压用户数据，运用 RPA 搭建台区用户低电压治理场景，创新"RPA 智能抓取 + 运检工单整改闭环"工作模式，促进台区用户低电压治理提质增效。国网陕西电力聚焦人工分析异常数据效率低、耗时长、环节多等痛点问题，运用 RPA 机器人自动导出大量营销系统数据，协助职工进行分析比对，促进优质服务工作提升。

主要做法

国网浙江电力

通过 RPA 机器人在配电自动化模块中自动抓取重过载、三相不平衡台区并形成清单，将重过载、三相不平衡异常台区自动录入营销系统并读取异常配电台区所有用户基础信息，自动派发低电压事件整改工单至供电所，监督开展现场排查、整改，制定实施整改措施方案，全程跟踪闭环治理。

国网陕西电力

通过 RPA 机器人以营销系统数据为基础，自动导出供电所全部台区抄表段号以及台区客户报装类型数据，通过用电类别、用电量等因素按照占比将台区划分为居民用电台区、灌溉台区、大工业用电台区以及山区小电量台区，为不同的台区提供差异化增值服务。

应用成效

国网浙江电力

迎峰度夏期间，利用 RPA 工具替代人工查询低电压用户，可节省人力 **4** 个工时／天。通过 RPA 排查，抓取电压异常台区 **241** 个，闭环治理用户低电压 **2350** 户，处置用户表前异常 **184** 处，发现并更换异常计量终端 **25** 只。

国网陕西电力

全年意见工单同比下降 **63%**，故障工单压降 **40.7%**，全年未发生投诉事件，回访满意率 **100%**。数据查询过程平均每次节省约 **24** 小时，大幅缩短人工分析时间。

46 打造"e点智寻"，助力基层智能高效检索

国网河北电力

总体介绍

基于公司数据中台，打造企业级数据智能检索服务组件"e点智寻"，为基层提供多样化便捷服务能力，助力基层实现各项指标、文档报表等数据以及电网知识的快速检索和可视化展示。

主要做法

技术架构创新

采用"专用模型+通用模型"技术路线，支持指标类、报表类等多场景问答，满足用户"所想即所达"的需求。

数据安全可控

基于负面清单明确隐私数据范围，同时纵向根据单位层级，横向根据专业领域，严格管控用户数据访问权限。

检索结果多样

通过数据中台实现结构化数据检索，根据问题类别自动选择结果展示形式，同时支持检索结果的在线统计、筛选和图标联动。

服务能力便捷

研发"电力语言处理"微服务组件，集成RPA工具，打造智能问答机器人，支撑各类智能检索和知识问答创新应用构建。

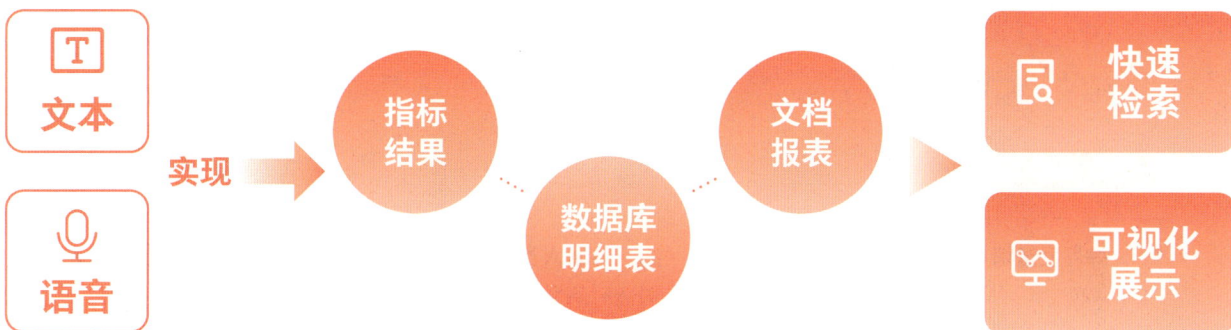

文本 / 语音 —实现→ 指标结果 — 数据库明细表 — 文档报表 → 快速检索 / 可视化展示

应用成效

覆盖地市公司	覆盖县公司	覆盖供电所	辅助基层数据获取	整体数据获取时长缩短
7个	**98**个	**767**个	**百万+**次	**92%**

47 打造i国网移动应用，赋能基层现场作业能力

国网新疆、上海、江西电力

总体介绍

基于i国网，构建线缆巡视移动作业、消息中心等移动应用，促进各项数字化能力触达基层，有效减轻基层作业负担，显著提升管理协作效率。

主要做法

数字化外场巡视管理

设备主人通过i国网在线派发巡视任务，巡视人员线上接单。

外场作业实时管控

作业人员通过i国网现场定位打卡、外损隐患点实时拍照上传。

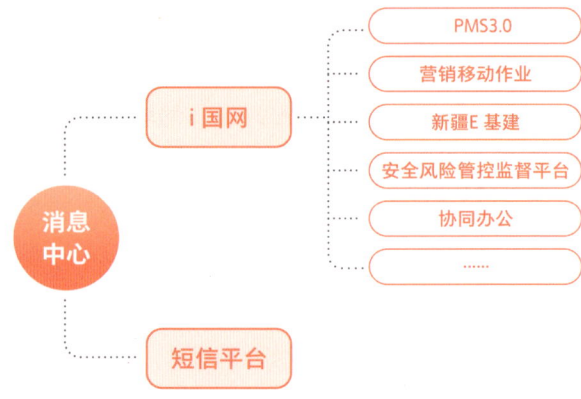

- PMS3.0
- 营销移动作业
- 新疆E基建
- 安全风险管控监督平台
- 协同办公
- ......

i国网 / 消息中心 / 短信平台

消息中心替代商业短信

通过i国网以更低的成本发送消息，节省部分短信费用。

标准化消息集成服务

打通i国网与短信平台，自由选择发送i国网消息或短信消息。

应用成效

国网新疆电力

每月发送消息 **80+ 万条**

消息中心累计发送消息 **600+ 万条**

预计每年节约商业通信费用 **50+ 万元**

国网上海电力

内、外场人员沟通时间减少 **90%**

2023 年全年完成特巡任务 **275** 次，例巡任务 **2300** 余次

固定工地线缆跳闸次数同比下降 **65%**

国网江西电力

全年共处理移动端工单 **393504** 张

监测数据录入效率 **提高 80%**

移动端工单占比 **99.18%**

48 打造用户体验度量中心，增强基层用户应用体验感

国网山东电力

▌总体介绍

创新建设用户体验度量中心，围绕构模型、定方法、建机制、育生态的工作思路，针对 51 套数字化应用深度开展"体验＋监测"用户体验度量实践，快速开展应用整改，切实提升用户体验感、获得感。

▌主要做法

构建体验评价体系，实现事前引领

聚焦系统应用的易用性、一致性、流畅性和稳定性，构建用户体验度量模型，涵盖主客观指标 65 个，引导各单位及参建厂商提高系统用户体验意识。

打造在线服务，实现事中强运营

在数字化能力开放平台上设立体验度量专区，在线进行系统度量，推动用户体验问题及时整改，打造系统使用的极致体验。

畅通基层反馈渠道，实现事后强管控

构建上下畅通、众测众评的数字化基层联络体系，结合基层反馈问题不定期组织在运系统的用户体验度量，持续提升系统实用性、易用性。

▌应用成效

| 首创用户体验度量体系 | 截至 2023 年 12 月，已完成 **51** 套重点应用系统的用户体验度量实践，发现并改进用户体验问题 **900** 余项，切实提高了系统的实用性、易用性。 |

| 沉淀体验设计技术资产共享 | 作为国家电网公司唯一一家入选"用户体验系列团体标准推广应用试点单位"，推动体验设计标准化、规范化落地。 |

提升基层赋能服务水平

49 构建驻场研发体系，激发基层项目管控优势

国网信通公司

总体介绍

落实压实项目管理"中间层"责任的要求，聚焦项目全过程管控，围绕问题闭环管理、驻场研发、深化应用等基层赋能方面重点任务，细化各项建管任务，全面做实各项工作，赋能基层创新实践。

主要做法

问题闭环管理 采用业务跟班调研、点对点调研、五级联络人、参加基层双月会等多种形式，深入基层一线现场，调研收集基层应用系统中最急切解决的需求和问题，推动问题闭环管理。

驻场研发 将系统中贴近基层的部分，委托承建厂商驻场开展建设应用，畅通基层用户和研发团队问题沟通渠道，迭代完成开发，推动建管模式在现场应用。

深化应用 畅通问题提报工具渠道，利用系统应用监测工具，观测系统菜单级功能使用情况，推动系统"瘦身健体"。

金牌项目经理 基于数字化能力开放平台、电网数字化项目管理微应用，构建金牌项目经理评价工具，常态化开展甲乙方项目经理评分工作。

应用成效

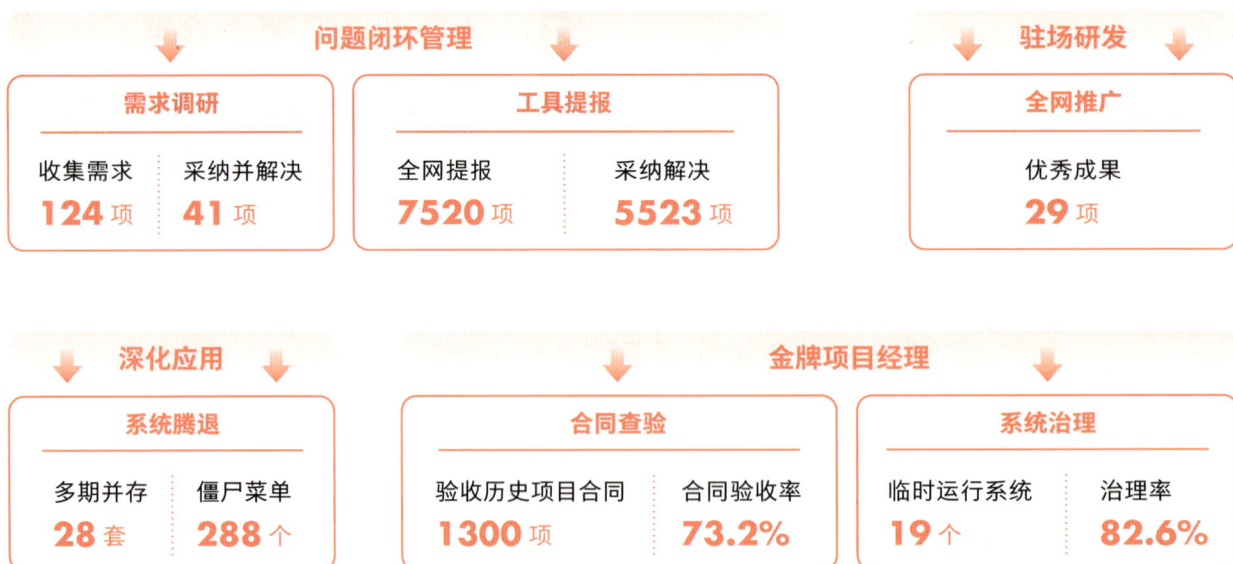

问题闭环管理					驻场研发	
需求调研		**工具提报**			**全网推广**	
收集需求	采纳并解决	全网提报	采纳解决		优秀成果	
124 项	**41** 项	**7520** 项	**5523** 项		**29** 项	

深化应用		金牌项目经理				
系统腾退		**合同查验**		**系统治理**		
多期并存	僵尸菜单	验收历史项目合同	合同验收率	临时运行系统	治理率	
28 套	**288** 个	**1300** 项	**73.2%**	**19** 个	**82.6%**	

50 打造基层数据服务统一入口，赋能基层便捷用数

国网天津、冀北、河南、甘肃电力

总体介绍

聚焦基层取数、用数"小应用、低成本、易实现"的需求，深化基层数据服务运营，打造面向基层的数据服务统一入口，沉淀高价值数据成果，直击基层痛点、难点问题，为一线基层用户提供持续、便捷、实用的数据服务。

主要做法

国网天津电力运营"三步走"

沉淀高热成果，精准推送数据；打造移动应用，满足不同场景用数需求；强化基层数据运营体系，提升基层数据应用创新参与感、获得感、体验感。

国网冀北电力"3331"机制

"三级联动"，全面统筹基层需求；"三项举措"，快速、闭环响应基层需求；"三大要素"，依托融合模型支撑基层快速用数；"一站式"服务，构建基层找数、看数、用数统一入口。

国网河南电力"专变负载"可视化

深度调研，总结"专变负载"数据需求空白点；打造产品，实现一键自动统计分析；成果迭代，构建落地实用数据模型；试点先行，成果先示范验证后推广应用。

国网甘肃电力基层服务"随身宝"

"找问题"，深度分析基层用数难题；"融应用"，依托数据一张图构建动态看板；"挖场景"，识别基层高价值典型场景；"落服务"，构建"数据＋工具"等多种服务方式。

应用成效

国网天津电力

沉淀多专业共性数据集 **186** 个，累计减免重复溯源工作量 **300** 余人天，服务 **69** 个供电服务中心、**557** 个班组，业务办理效率提升 **2～3** 倍。

国网冀北电力

累计形成 **158** 项典型场景，应用覆盖冀北全域 **462** 个供电所，数据专区累计访问量超 **302800** 次，供电所仅工单管控效率就提升 **44.5%**。

国网河南电力

利用数据线上巡检专变运行状态，覆盖全省 **4971** 个供电所、班组，重过载统计缩短至 **1** 分钟内，辅助试点供电所发现违约用电事件 **2** 起。

国网甘肃电力

上线数据场景及数据集 **692** 项，实现数据统计分析工作效率由 **4** 小时减至 **1** 小时以内，累计向基层人员提供成果服务 **36** 万人次。

51 构建企业级工单中心，创建工单驱动业务新模式

国网重庆电力、国网信通产业集团

■ 总体介绍

通过构建企业级工单中心，解决用户频繁切换系统、办理过程长、协作效率低等问题，将电话派工传统模式转变为工单驱动业务的管控模式，实现全业务工单化、全工单数字化、全工单绩效化，助力基层减负增效。

■ 主要做法

工单数据标准接入

形成工单数据接入标准，包括工单状态反向同步接口、工单基础数据查询接口等，支撑抢单模式、二次派单等典型应用场景建设。

工单积分绩效联动

建立基于完成时效、质量、难易程度等多维度的工单评价体系，结合数字化供电所建设定制绩效模型，实现一线员工绩效量化管理。

工单预警提醒

工单提醒、预警等信息通过 i 国网消息推送、语音播报功能，将待办、超期、催办等消息提醒到具体作业人员，避免用户重要工单漏办、迟办。

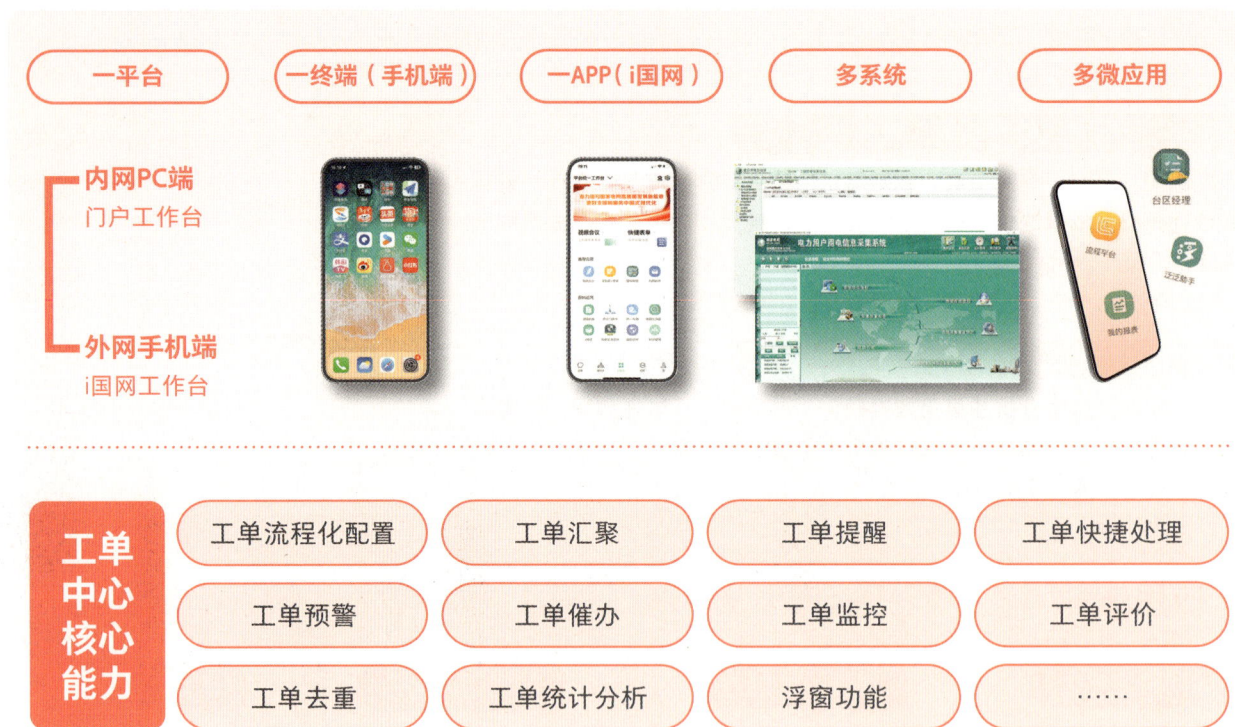

一平台	一终端（手机端）	一APP（i国网）	多系统	多微应用

内网PC端
门户工作台

外网手机端
i国网工作台

工单中心核心能力

工单流程化配置	工单汇聚	工单提醒	工单快捷处理
工单预警	工单催办	工单监控	工单评价
工单去重	工单统计分析	浮窗功能	……

■ 应用成效

串联业务系统断点	汇聚 700 余类工单	日人均工单驱动业务数	工单平均处理时长压降	外出作业准备时间压降	现场作业时间压降
14 个	**3790** 万条	**13** 条	**1.5** 小时	**0.5** 小时	**0.3** 小时

52 探索数字化供电所新模式，提升基层作业效率

国网湖北、四川电力

总体介绍

围绕供电所多专业综合业务集中联动工作场景，针对当前"多系统、多终端、多账号"问题，构建"五个一"数字化底座，拓展"供电服务作业一张图"管理可视化能力，形成"专业协同、数据同源、权限统一"的数字化供电所新模式。

主要做法

国网湖北电力

❶ **拓展"供电服务作业一张图"能力。**基于电网一张图，融合供电所电网地理接线图、单线系统图，调用中台服务，拓展图上管理能力，实现"站-线-变-户"、业务动态一图通览，提升管理效率。

❷ **打造数字化供电所典型应用场景。**异常提醒时，通过"一账号""一平台""一张图""一工具""一工单"及"一终端"，实时开展现场作业，形成数据驱动"管理+作业"的新模式。

国网四川电力

❶ **搭建数字化基础环境。**基于数字化供电所、i国网供电所员工工作台两大终端入口，通过集成ISC权限以及各专业工单、应用、指标、消息等服务，实现"一平台、一账号、一终端"应用模式。

❷ **拓展"一工单"作业场景。**基于企业级工单中心，整合归并、实时接入7个系统的17大类工单，实现跨专业快速业务处理。构建9个RPA应用场景，利用"一工具"替代人工作业。

应用成效

国网 湖北电力

供电所全覆盖

全省 **14** 个地市 **1127** 个供电所推广应用

一图通管，助力管理效率提升

提升工单执行率	异常台区整治率达到
36%	**100%**

一图通办，促进工作效率提升

减少重复性、机械性工作时长	降低工作时长
42.9%	**2.1** 小时/每天

一图通览，支撑服务效率提升

减少故障巡线时间	减少异常判定时间	降低投诉工单
32%	**53%**	**45.6%**

国网 四川电力

供电所全覆盖

全省 **872** 个供电所（站）全面应用

服务 **2.43** 万员工

作业能力全面提升

多系统 **"一账号"** 单点登录

多工单 **"一平台"** 展示预警

多作业 **"一终端"** 一次办理

工作效率全面提升

"一工单"提升接单及时率 **8.75%**

提升闭环率 **2.37%**

"一工具"减少基层工作量 **86%**

"一终端"减少作业时间 **30%**

助力
国家治理
现代化

党的二十大报告把"国家治理体系和治理能力现代化深入推进"作为未来五年我国发展的主要目标任务之一。

国家电网公司主动服务国家重大战略部署，以数字化助力提升政府、行业治理能力，建设"电e金服"、国网商旅云等赋能产业链上下游的服务平台，助力产业转型升级，积极开发电力看双碳、电力看乡村振兴等大数据产品，支撑政府决策和行业治理。

- 服务绿色低碳发展

- 服务产业转型升级

- 服务政府决策与行业治理

53　电力看双碳，助力绿色低碳发展

国网大数据中心、信通产业集团，国网天津电力

总体介绍

紧扣政府关切和企业发展需要，深入开展政企合作创新、平台技术创新、应用场景创新与运营模式创新，在政企协同、场景拓展、运营服务等各个层面取得突破、实现引领，打造了电网企业服务"双碳"目标落地的标杆示范。

主要做法

政企合作创新

国网天津电力牵头建成全国首个经政府授权的省级双碳运营服务中心，与市发展改革委、环境局签署数智赋能天津高质量发展合作协议，合力培育构建"双碳"业务体系，提供"双碳"综合服务。

平台技术创新

创新采取"以电算能（产量）、以能（产量）算碳"的思路，构建"电－碳计算模型"，实现全国及分地区、分行业碳排放数据计算，建成总体技术国际领先的全国碳排放监测分析服务平台。

应用场景创新

开展全国及分地区、分行业碳排放监测分析，编制形成报告报送各级政府，助力"双碳"形势研判、政策制定。国网天津电力开展"电－税－污－碳"关联分析，服务政府动态监测企业减污降碳协同增效情况。

运营模式创新

国网天津电力成立系统内首家双碳运营公司，面向政府部门、公共机构、园区企业提供"碳排放监测－碳减排规划－碳资产运营－碳认证评估－碳能力建设"一站式碳资产托管运营服务。

应用成效

模型国际首创

5 名院士及"双碳"领域专家高度评价模型成果，一致认为"'电－碳计算模型'是对现有碳排放核算方法的创新和有效补充，在国际上属于首创"。

服务低碳发展

"双碳"专题分析报告纳入天津市《论点·建议》期刊，**"电－税－污－碳"**分级管控经验纳入政府工作指南，"电力大数据＋低碳环保建设"获国家生态环境部评审肯定，授牌**"国家智能社会治理实验基地"**。

服务政府决策

全国碳排放监测分析服务平台每年节约全社会碳排放统计核算成本上百亿元，每年节约碳市场企业辅助核算成本 **1.36** 亿元，同时为国家发展改革委首批碳达峰试点省市选取提供数据参考。

54 碳效码——推动工业碳效智能对标改革

国网浙江电力

总体介绍

创新构建"碳效码"智能对标体系，推出碳技改、碳评价、碳金融等应用场景，形成政府、企业、社会多方共赢的商业模式，在浙江省内全面推广应用。

主要做法

测 打破政企数据壁垒

完成来自政府统计部门和电力公司等的 1200 万条数据归集，确保数据权威、合法、规范；融合联邦计算和区块链技术，实现数据"可用不可见"，确保数据安全；创新采用动态电碳因子，实现用电碳排放精确计量。

评 建立碳效智能对标体系

全国首创"碳效码"，形成水平、效率、中和三维数智对标体系，对标分析企业在行业、工业的碳效排名和碳中和进程；创新高斯混合概率模型，实现碳效分层精准评价，相关算法通过清华大学、浙江大学等高校专家认证。

用 构建多跨应用场景

打造"政府治理""企业服务"双入口，构建碳监测、碳对标等四大应用，实现政府治碳"一屏掌控"；贯通政务服务 APP，开发碳技改、碳金融等应用场景，实现企业降碳"一码尽办"。

治 创新政策机制和产品服务

拓展了碳效评价结果五大应用，形成多方共赢的产业链协同降碳模式。以碳效评价为信息中枢，企业享受更多低碳改造补贴优惠，减少用能成本；服务高碳低效企业增加营收；金融机构根据碳效评价结果获得优质客户源。

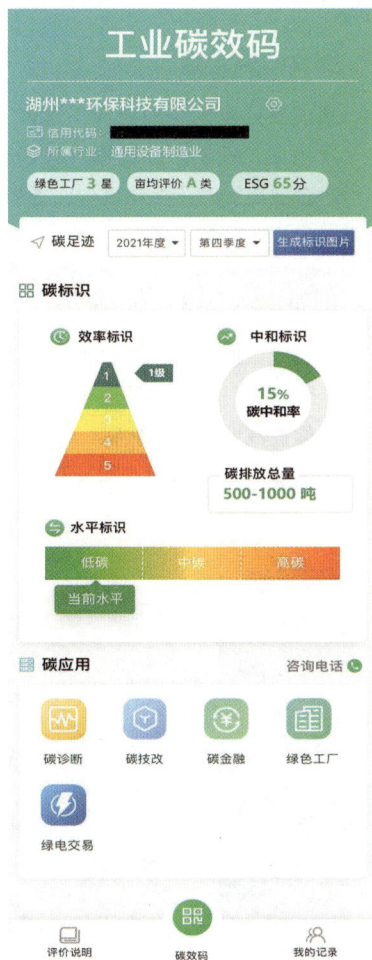

应用成效

减少碳排放量

项目推广以来，浙江省单位工业增加值碳耗降低 **3.3%**，节约用能 **3.2** 万吨标准煤，实现每年降碳 **500** 万吨。

降低用能成本

全省 **678** 家企业通过绿色技改降低用能成本 **2.1** 亿元，减少贷款利息 **850** 万元。

服务产业转型升级

55 "电e金服"助力中小微企业发展

国网数科控股公司

总体介绍

依托企业优良资信，以产业链真实交易为背景，搭建公共服务应用，促进金融供需高效匹配，帮助上下游、中小微企业获得更加优质、高效、普惠的金融服务，畅通全产业链循环，带动产业链上下游、中小微企业共同发展。

主要做法

整合数据资源

集成贯通电网企业财务、营销、物资等内部数据以及税务、司法、征信等外部信息，帮助产业链上下游企业更好对接金融机构，提高金融服务可得性。

整合渠道资源

深度融合物资招投标、电费交纳等渠道，对外广泛对接地方政府服务平台，有效扩大应用覆盖范围和引流效果。

创新技术应用

应用大数据建模，实现"业务流、数据流、碳流"新"三流合一"。通过数据上链存证，确保数据真实可信，大幅提高业务办理效率。

数字化运营分析

集成整合内外部业务数据、金融数据和用户行为数据，打造数字化运营分析体系，赋能管理决策。

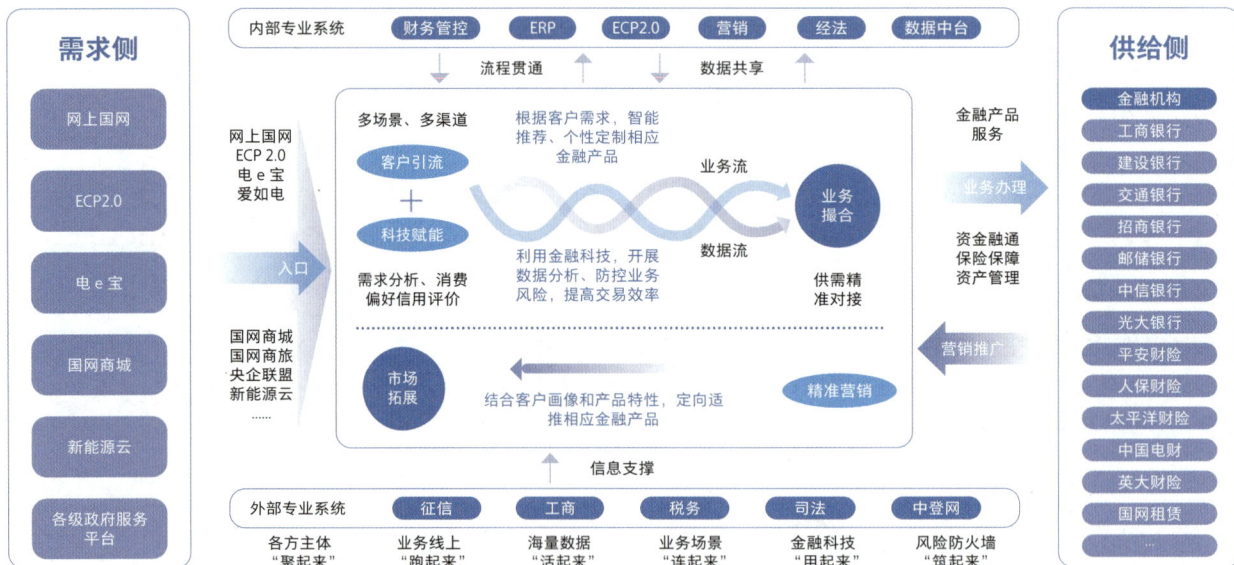

应用成效

| 注册用户超 **93** 万户 | 对接金融产品 **56** 款 | 合作金融机构超 **500** 家 | 累计帮助产业链上下游获得金融服务超 **6000** 亿元 | 帮助 **17.6** 万家中小微企业获得金融服务超 **3500** 亿元 |

56 线上商旅，构建商旅行业新生态

国网数科控股公司

总体介绍

以"智能服务、提质增效、生态共赢"为目标，构建国网商云，提供差旅业务出差申请、资源预订、费用报销、财务结算、资金支付的一站式解决方案，通过打通业务前端与财务后端的业务链条，实现商旅业务精益管控、规范可靠、便捷服务、提质增效的"大成效"。

主要做法

面向管理　提炼一套商旅业务财务管控闭环的系统规则，推动商旅业务在线共享、集中管理，实现精益化、数字化、自动化、无纸化、智能化发展。

面向运营　统一构建商旅运营体系，集中统筹商旅住宿、出行等差旅资源需求，实行集中采购与结算，充分发挥规模优势，促进降本增效。

面向员工　实现商旅预订免垫付、出行免取票、报销免贴票，构建统一服务体系，7x24小时面向全员工、全场景提供全流程共享服务。

面向客户　形成可快速复制的实践经验和典型方案，提供个性化服务，满足客户多样化需求。

精益管理　提质增效　智能服务

管理精益化	运营共享化	服务智能化
集团管理 固化流程规则，规范管控差旅行为，集中采购发挥规模效应	**运营共享化** 聚合内外部商旅资源，提供商旅出行全流程在线服务	**应用用户** 构建专业服务体系，满足优质商旅出行服务保障需求

内部资源		信息系统		需求管理	商旅服务商		商旅资源	
培训中心		财务系统	人资系统	全流程	机票服务商	综合服务商	航空公司	酒店集团
内部酒店		办公系统	……	大数据	酒店服务商	……	国铁集团	

秉承数字思维和共享服务理念

应用成效

节约差旅费**上亿元**
工作量降低**90%**

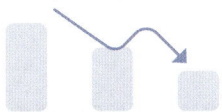

降低企业成本支出

员工差旅出行
免垫付　**免取票**　免贴票

提升员工获得感

10家 外部集团企业接入应用
9家 航空公司
40万+ 家酒店

重塑商旅产业生态

57 发挥电力数据价值，服务政府科学决策

国网吉林电力

▌总体介绍

以管促效建立省市县协同工作机制，固化成熟产品运营模式，汇聚内外部高价值数据，拓展数据应用细分领域，发挥电力大数据助力政府科学决策作用。

▌主要做法

构建常态化成果报送渠道

与政府部门建立常态沟通机制，聚焦政府各项促经济政策，以月、季、年频度常态化报送各类"电力看经济"大数据分析成果。

建立"五统一"数据工作机制

共享共用数据、算力、模型、场景资源，在省市县多层级实现数据、模型、渠道、形式、时间的"五统一"管理模式，提升分析成果影响力。

打造高可用数据分析模型

提炼高价值数据集，按需将电信运营商、气象等外部数据纳入影响因子，建立"企业活跃度分析""乡村振兴指数"数据模型，形成"一模型"服务"多场景"的高效分析模式。

建设多元化产品研发矩阵

归纳地域特点开展冰雪经济系列场景、假日经济运行势态、特色经济促进发展、煤矿领域专项监测等场景分析。

2023 年上半年全社会用电量占比增速

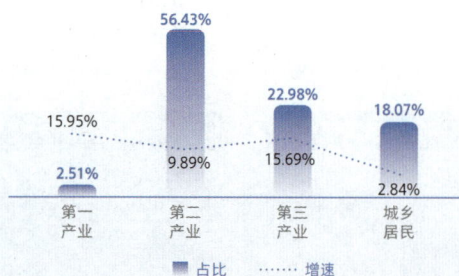

	占比	增速
第一产业	2.51%	15.95%
第二产业	56.43%	9.89%
第三产业	22.98%	15.69%
城乡居民	18.07%	2.84%

2023 年上半年重点行业用电量与增速

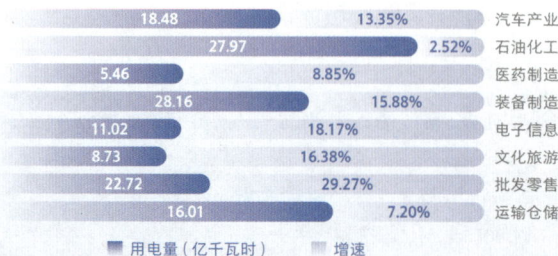

行业	用电量（亿千瓦时）	增速
汽车产业	18.48	13.35%
石油化工	27.97	2.52%
医药制造	5.46	8.85%
装备制造	28.16	15.88%
电子信息	11.02	18.17%
文化旅游	8.73	16.38%
批发零售	22.72	29.27%
运输仓储	16.01	7.20%

▌应用成效

数据分析成果规模输出　向政府部门报送批零业、住宿业、餐饮业、娱乐业等各类型数据分析报告 **40** 余份，成果多次纳入省政府《每日政务要情》。

各级政府领导高度认可　数据分析成果获得省级政府领导批示肯定 **21** 次，获得地市、县级政府领导批示肯定 **63** 次。

电数监测发挥实用价值　发现高危企业安全生产异动 **73** 次，推送本年两次台风极端天气时期灾害影响范围分析报告，支撑省应急厅工作部署获感谢信 **1** 封。

58　电力大数据助力乡村振兴

国网辽宁、陕西、福建电力

■ 总体介绍

积极推动巩固脱贫攻坚成果和助力乡村振兴工作，以电力数据为主，外部数据为辅，打造电力大数据服务乡村振兴系列产品，全面展示乡村振兴成效，为乡村经济振兴提供辅助支撑。

■ 主要做法

构建乡村振兴电力指数，评估发展状态

围绕产业兴旺、生态宜居、乡风文明、生活富裕等 4 个维度设计乡村振兴电力指数，辅助政府部门评估乡村经济发展趋势和潜力。

推演乡村振兴发展趋势，提供辅助决策

基于省内乡村人口数量、耕种面积、粮食产量等乡村基础数据，结合乡村重点产业用能、电网投资保障等电力指标，分析研判乡村振兴现状和发展趋势。

建立政企联动协作模式，数据互联互通

构建政府主导、电网协同的合作体系，与省农业农村厅、乡村振兴局签订战略合作协议，常态化开展数据互联互通工作，面向政府提供数据分析服务。

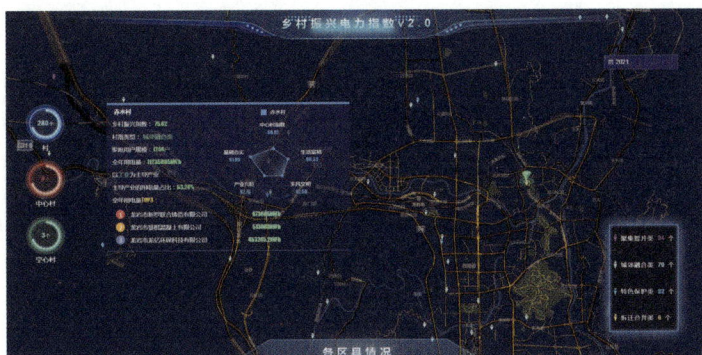

■ 应用成效

国网辽宁电力

与省农业农村厅、乡村振兴局签订战略合作协议，先后为沈阳、营口、阜新、朝阳乡村振兴局、农业农村局等部门提供分析报告，获相关领导批示 **7** 次、被各类媒体宣传报道 **11** 次。

国网陕西电力

完成陕西 **10** 个重点帮扶县乡村振兴整体实施成效评价，以及全省 **50** 个安置区、**60** 个社区工厂帮扶搬迁成效评价，相关典型做法先后被中国日报中文网、环球网等媒体宣传报道。

国网福建电力

将电力数据融入省乡村振兴热度指数，以福建 **14441** 个乡村为分析对象，定位中心村 **596** 个、空心村 **261** 个，相关典型做法获得 **2023** 数字中国创新大赛数字党建赛道优胜奖。

59 电力大数据助力构建城市大脑，服务城市治理现代化

国网北京电力

▌总体介绍

充分挖潜电力大数据价值，创新衍生电力数字新兴业态，打造智慧能源城市大脑生态体系，上线电力看社会民生、应急安全、文化繁荣、城市规划等七大版块、35 个场景，辅助政府完善数字治理体系，助力地区高质量发展。

▌主要做法

突出电力数据价值，打破行业数据藩篱

融合电力、政务、经济等多源多维异构数据，联动 44 个政务系统，打造全链条数据港，实现全量数据实时接入 209 亿条。

突出能源数据服务，打造智能研判模式

纳入政府"时空一张图"，运用大数据、云计算等技术构建"能源+政务"全景时空立体交互方式。

突出智能辅助决策，融入城市治理体系

构建"四横七纵"多层级、全方位指标分析体系，开通政务专线，常态化提供数据分析报告。

突出数据运营服务，形成电力数据资产

形成了"1310"流程体系，即数据要素资产化 1 条主线，数据资产化、数据产品化等 3 个阶段，数据资产登记、数据质量评估等 10 个关键步骤。

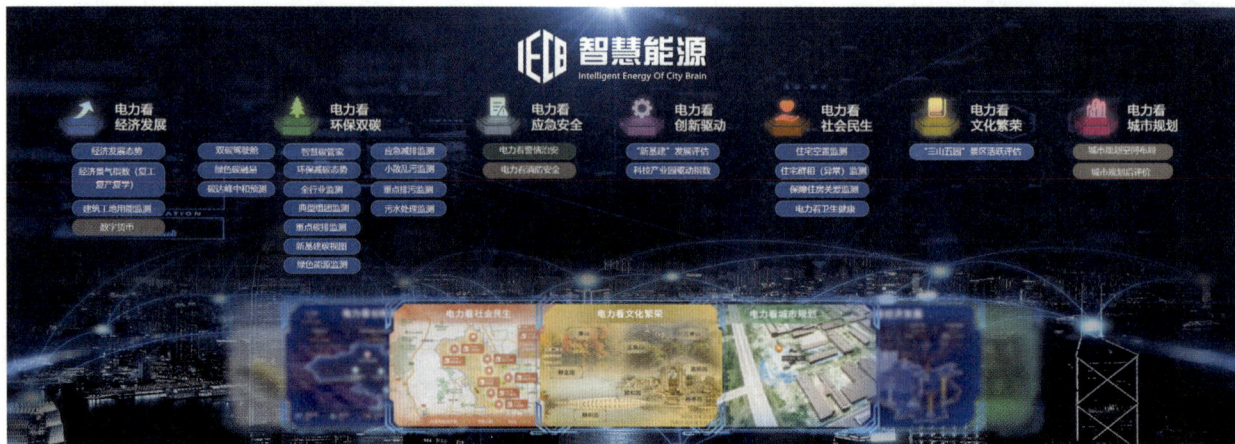

▌应用成效

变革衍生电力数字新兴业态	建立"1+N"数据合作多方机制，每年与政府签订 **1000** 万元的数字经济合作协议，每年为公司增加数据服务收益约 **270** 万元。
形成诸多辅助城市治理典型案例	支撑政府执法研判风险预估达 **4.8** 万次，辅助地区降碳约 **101** 万吨，获得各级领导**高度肯定**。
荣获国际、国内多项高等级奖项	项目获得**2023 年金砖国家工业创新大赛二等奖、第五届中国工业互联网大赛总决赛三等奖。**

60 能源大数据中心建设实践

国网大数据中心、南瑞集团

■ 总体介绍

通过构建能源大数据中心应用支撑平台，实现对外数据应用技术路线统一、数模管理统一和安全防护统一，完善能源大数据标准体系，打造统一对外服务窗口，面向政府、行业、企业提供大数据应用和数据增值服务，助力政府科学治理。

■ 主要做法

建设能源行业数据底座

采用"专用模型＋通用模型"技术路线，兼顾预设式、无预设式多任务场景，支持指标类、报表类等多场景问答，满足用户"所想即所达"的需求。

支撑数据产品敏捷构建

构建涵盖数据快捷获取、模型算法复用、分析服务共享、应用敏捷迭代等能力的一站式能源数字服务，完成总部与27家省公司平台全面部署。

打造统一对外服务窗口

构建对外数据应用统一发布服务窗口，纳管全量大数据对外应用，基于平台完成350个存量应用与86个新增应用发布。

完善能源大数据标准体系

创建全覆盖多层级的能源大数据标准体系，填补行业空白，累计立项研制标准29项，引领能源行业标准化发展。

■ 应用成效

降低两级平台研发成本 ┤ 统一平台技术路线，降低 **89%** 的建设成本；打造"一处创建、处处使用"的产品共享模式，产品开发周期缩短 **50%**。

赋能基层对外应用服务 ┤ 基于平台构建了低碳园区、以电折煤等 **57** 项业务应用，提供监测分析报告 **247** 份，助力政府企业节省投资 **269.5** 万元。

提升能源大数据影响力 ┤ 入选中央网信办2023双化案例，获 **2023年中电联电力创新一等奖**，发布标准 **12** 项，能源大数据中心影响力不断提升。

夯实
数字化转型基础

国务院国资委在《关于加快推进国有企业数字化转型工作的通知》中指出，着力夯实数字化转型基础，建设基础数字技术平台、建立体系化的管理体系、构建数据治理体系、提升安全防护水平。

国家电网公司积极开展两级数据中心、一体化国网云和企业中台建设运营，推动人工智能等数字技术创新应用，夯实基础数据治理，强化网络安全、系统运行等保障体系，为深入推进数字化转型打下坚实的基础。

- 强化数字基础设施
- 强化企业中台建设应用
- 强化数字技术创新应用
- 强化数据治理体系
- 强化数字化保障体系

61 数据中心改造助力节能降碳

国网上海电力

■ 总体介绍

聚焦数据中心节能降碳需求，通过调节暖通设置、改造供电系统、优化机柜资源、智能集中控制的方式，降低数据中心能耗，助力公司绿色数据中心建设。

■ 主要做法

调节暖通设置

通过优化机房温度设定、冷冻机组进回水温度，推进冷却塔和微模块改造，实现功耗降低，有效节约用电。

优化机柜资源

持续开展机房结构优化及机柜下线腾退，进一步优化托管机房 IT 负载分布，提升资源使用效率。

改造供电系统

通过加装智能感应模块，推动信息机房智能照明改造，并深化 UPS 高频化改造，提升 UPS 效率，实现能源节约。

智能集中控制

建设基础设施智能管理应用（DCIM），为电气系统、暖通系统、机房运行环境等提供集中监控、信息共享和联动调节功能，优化运行方式。

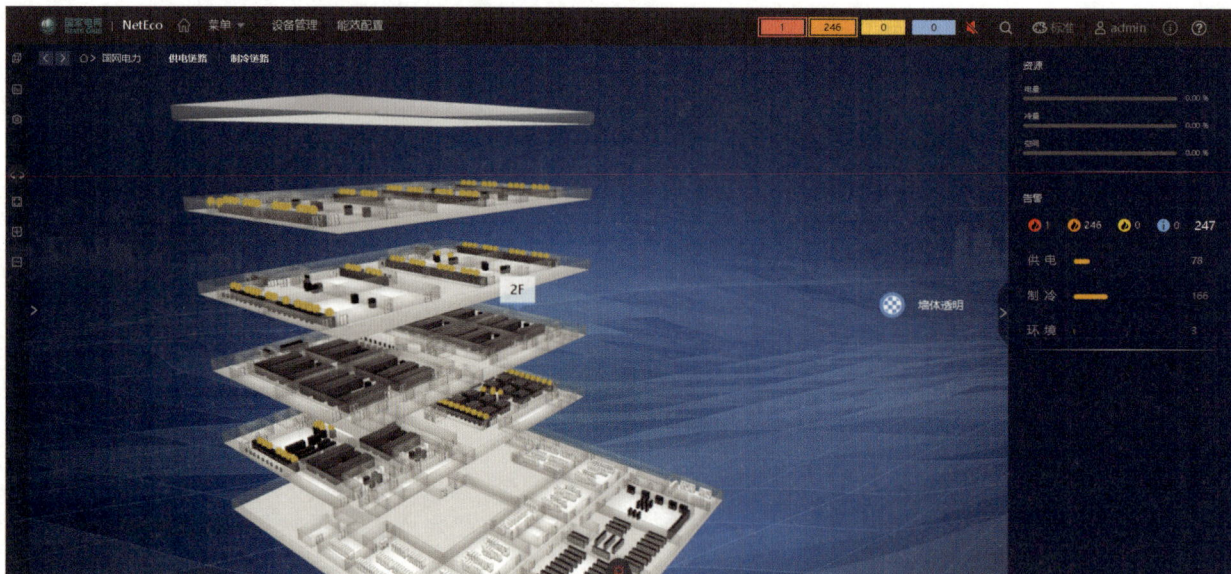

■ 应用成效

冷却塔耗电量同比下降约 **40%**，空调系统耗电量同比下降约 **10%**。

平均 PUE 指标较去年同比下降约 **0.2**，日均用电量下降约 **6.2** 兆瓦时，日均节约电费约 **1.34** 万元。

62 云服务运营一张图建设应用

国网甘肃电力

总体介绍

为进一步发挥云平台、云服务在数智化坚强电网建设中的数字基础支撑能力,通过构建"云服务运营一张图",畅通云全生命周期的运营服务环节,助力全省各专业、各层级深入理解"云"理念,有力支撑全业务云上运行。

主要做法

运营服务规范化

构建完善的云服务运营体系,向业务用户提供系统上云申请、部署配置等全环节服务,制定云服务应用标准,指导用户安全高效用云。

运营服务流程化

构建云服务运营一张图,展示国网云平台、云服务的能力全景,提供架构咨询、技术支持、技能提升和监测优化等服务。

运营保障体系化

构建一个运维平台、三个支撑体系、三种保障机制、多个精益化管控为一体的云平台运营保障体系,保障云平台运行可持续运转。

国网云服务运营一张图

1 上云需求
云平台用户
为系统上云部署架构设计
云服务参数规格配置提供技术支持
系统上云部署方案

我们助力
需求调研　需求评估
技术匹配　架构设计

2 申请云服务
云平台用户
智能一体化运维支撑平台(SG-I6000)
简化流程　线上申请

我们承诺
1个工作日
完成云服务资源发放

3 系统部署
云平台用户
高效资源配置
专属云上账号
专属云上网络
专属云服务资源集

我们提供
云服务使用支持
实施人员技术能力评测支持

4 持续运营
云平台用户
自助运营监测服务
系统持续优化方案
技术服务

我们努力
让云上系统更安全健康
用户体验更高效优质

5 监督评价
职能部门用户
定期开展监督评价
● 运营运维过程中造成的安全事件
● 未在有效时间内提供可用云服务
● 服务质量受到云平台用户投诉

我们确保
云服务运营质量

系统上云服务流程优化

应用成效

规范云服务资源使用

部署云上系统、配置云服务实例效率整体提升 **43%** 以上。

前置云上系统运行监测

前置发现处置业务运行问题 **96** 个,问题整改效率提升约 **54%**。

优化业务架构弹性调度资源

累计编制 **57** 套云上业务运营建议书,累计回收 vCPU**860** 核、内存 **1320**GB。

63 数据中台智慧运营实践

国网宁夏电力、华中分部

■ 总体介绍

按照"提能力、促价值、健体系、激活力"的工作思路，以"促活数据、赋能价值"为目标，不断提升数据中台运营服务能力，健全数据运营服务体系，实现资源分布、资源变化和资源利用率的全掌握。

■ 主要做法

⊗ 构筑作业链路"接线图"，实现端到端血缘智能发现

根据总部发布的数据中台命名规范，围绕业务应用场景，获取和解析链路配置 SQL 脚本，开发"有向无环图"算法，自动发现数据上下游关系，构建作业链路"接线图"，保障业务用数链路"端到端"监测，及时发现运营作业流程卡点、堵点。

⊗ 构筑源端系统数据"流向图"，推动运营价值显性化

以应用、数据、任务等维度构建源端系统数据"流向图"，覆盖源端业务系统、数据中台、业务应用场景全环节，明晰数据资源流向，分析展示中台数据全链路运行状态，实现数据血缘清、流向清。

⊗ 流程式的故障告警自动推送，实现全过程闭环跟踪智慧化处置

依托作业任务异常告警数据，打通监测告警功能和数字化能力开放平台流程协作功能，围绕算力资源、链路运行、数据质量、数据服务等维度，形成分析、告警、处置的一体化能力。实现"监测告警 – 工单流转 – 问题消缺跟踪"监测运维工作的线上化闭环处理。

⊗ 优化数据接入链路，提高数据接入质效

将 E 文件解析工具替换为运行更稳定的 ETL 解析工具，数据链路由三步直接减少为两步，减少链路故障概率，提高链路效率，解决漏传、忘传等问题。

■ 应用成效

83237 张表、**24149** 个任务的存储和运行可视化呈现。

整合优化 **19387** 个不合规性资源。

纳管 **112** 个业务应用（场景）。

任务处置效率提升 **50%** 以上。

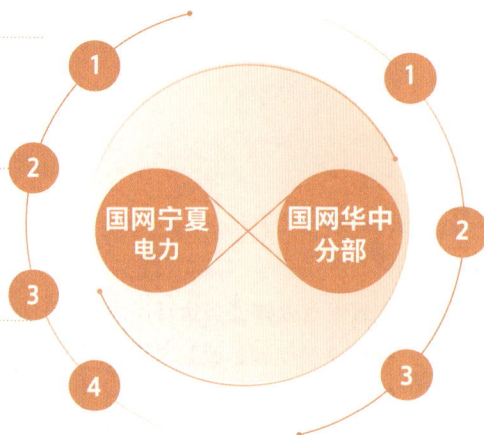

国网宁夏电力 国网华中分部

链路时效性提升至 **5** 分钟，提升 **83%**。

多种格式调度文件的**关口、现货、计划**信息实时解析。

支撑**生技部、交易部**实时数据需求。

64 业务中台运营模式创新实践

国网甘肃电力

总体介绍

统驭业务中台相关资源，实施"11356"业务中台运营能力提升工程，完善中台运营框架体系、工作机制和标准规范，打造公司级运营服务基地，创新业务中台运营模式，增强中台共享服务能力，高质量推进问题受理及需求统筹等主体运营活动，降低业务场景应用建设成本，提升业务中台实用化水平。

主要做法

1个运营目标

对内实现高质量、体系化运营和增强中台服务共享支撑能力，对外促进中台规模化应用和业务价值发挥。

业务中台运营

6大运营活动

问题受理及需求统筹、服务共享、服务规模化应用、服务评估与治理、数据管理和运营支撑管理。

1个示范基地

打造集"全景感知、指标监测、分析预警、运营指挥、宣传展示"等功能于一体的示范基地。

3个方面

向上承担总部运营专项任务，横向对接业务部门需求，向下赋能基层减负提效。

5个能力

中台运维保障、中台开放共享、运营管控与评估、数字化转型支撑和赋能基层减负提效。

应用成效

构建业务中台运营服务基地

属地化团队规模达到	地市运营组
30 人	**15** 个
直属单位运营组	
3 个	

服务共享审核

完成调用申请审核	完成调用
19 项	**280** 项
涉及电网资源业务中台	
280 项	

常态需求及问题受理

共计	需求共计
221 项	**28** 项
问题共计	受理解决率
193 项	**100%**

服务评估与治理

开展服务评估	治理服务
3 次	**122** 项
治理完成率	
100%	

65 技术中台公共服务支撑能力提升

国网甘肃、安徽电力

总体介绍

统一权限构建内外部用户身份权限全息感知能力，打造数字身份桌面端、移动端工作台，提升基层用户权限变更效率。统一视频打通基建视频数据内外网传输通道，可在线调阅基建作业现场视频，有效消除安全风险监管盲区。

主要做法

国网甘肃电力　统一权限

账号业务自助办理

融合 i 国网移动端，实现账号的快速申请注册及自动回收的线上化办理，解决账号业务线下办理入口不统一，流程不透明的问题。

账号免密安全认证

融合人工智能 – 人脸组件能力，实现 PC 终端和应用系统刷脸登录，解决用户口令频繁更换，口令难记等困难。

账号安全全息感知

采用消息型应用的方式，实现账号安全状态、通讯录组织变更等信息的主动推送，让用户及时感知数据变动，主动发现并处理账号的安全防护和数据质量问题。

国网安徽电力　统一视频

提升基建视频接入能力

遵照新版国网接入要求和规范，适应性改造视频平台，提供新业务服务接口，为移动终端的远程管理和远程运维提供技术支撑。

打通内外网数据传输壁垒

通过在视频内外网之间加装信息安全网络隔离装置，打通基建视频数据内外网传输通道，实现安监专业跨区调阅基建作业现场视频，助力安全生产。

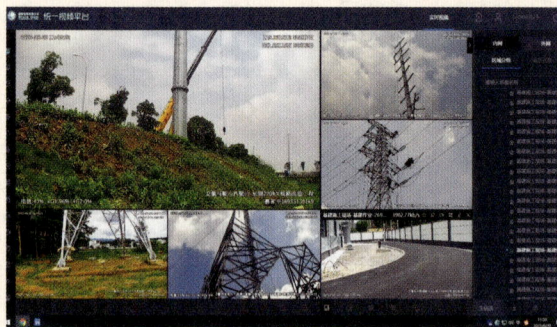

应用成效

国网甘肃电力

账号业务基本线上化，审批周期由 **3** 天缩减为 **1** 小时，用户数据自主纠错率达 **70%** 以上。

国网安徽电力

完成本单位 **3000** 余个基建布控球接入，推动了 **11** 家网省公司 **3** 万余台移动布控球实现接入与纳管。

66 人工智能支撑无人机巡检规模化应用

国网冀北、江苏电力

■ 总体介绍

立足无人机巡检实际应用需求，聚焦"采、传、存、用"全环节，推动人工智能技术深度嵌入巡检业务全流程，着力提升图像采集、数据传输、算法模型识别等能力，构建以固定机场为主，柔性网格化运维＋移动巡检为辅的输变配协同巡检新模式，实现"自主飞、实时传、智能判"，赋能业务提质和基层减负。

■ 主要做法

自主飞 运用人工智能技术对输电线路激光点云数据进行解算、抽稀等分析处理，完成杆塔的航线规划。应用智能拍照技术，采用实时目标检测，配合云台自动控制对准、居中。对配网线路杆塔本体的塔头等相关部件进行识别，生成自适应巡检航线，降低航迹规划成本，提升巡检效率。

实时传 应用基于非对称编解码原理的图像压缩和恢复技术。在边端巡检 APP 集成压缩模型，提取图像关键特征，实现自适应高比例压缩，在云端部署恢复算法，实现云边协同，无感化融入无人机巡检业务流程。

智能判 设计多尺度注意力机制算法模型，使用逐点卷积和实例归一化运算方法，提高对不同尺度目标的检测能力。提出多层级多尺度特征融合的缺陷图像检测方法，放大缺陷隐患检测范围，提高对不规则、小目标的识别能力。

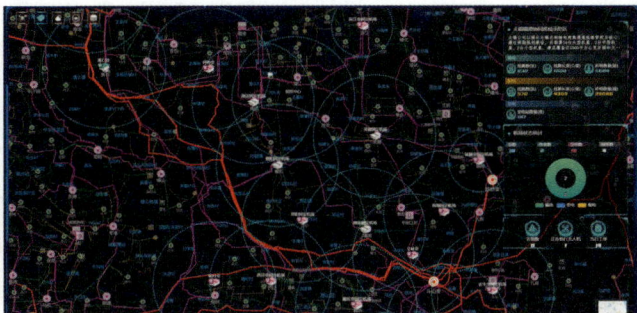

■ 应用成效

—— 巡检质效显著提升 ——

实现无人机自主巡检，单基杆塔飞行巡视速度平均提升 **50%**；拍摄图像质量明显改善，模糊废片率控制在 **1%** 以内。

—— 实现图像实时回传 ——

应用图像压缩恢复技术，图片传输时间节省约 **60%**，传输时效性明显提高；压缩恢复图和原始图像目视无差距，满足缺陷智能识别要求。

—— 输变配多专业协同 ——

打造固定机场跨专业无人机巡检应用，建设了输、变、配三个专业的无人机协同巡检示范区，巡检效率提升 **1~2** 倍。

67 人工智能支撑输电通道图像监测规模化应用

国网天津电力

总体介绍

聚焦"采、传、存、用"全环节，针对规模化痛点、堵点问题，打造算法实用提升、终端自愈传输、隐患综合研判、场景多元拓展能力，加快推进输电通道图像监测规模化推广、实用化提升，实现输电运维模式转型升级。

主要做法

构建迭代机制，适配业务需求

打通需求调研反馈、样本自主归集、模型测试优化全流程，精准优化模型辨识能力，动态跟踪一线业务需求。

推进成果转化，实现网络补盲

完成终端 51 跳自组网场景落地，基于内核态共享内存数据交互方式，实现无弱信号地区网络自愈补盲。

多维隐患分析，助力分级管控

融合三维测距和隐患动静态分析技术，提供净空距离、隐患动静状态信息，辅助隐患危重程度研判。

拓展图像监测场景，支撑电网防灾

结合电网一张图和气象数据，研发积水区域检测、覆冰识别算法，识别蓄滞洪区水位变化。

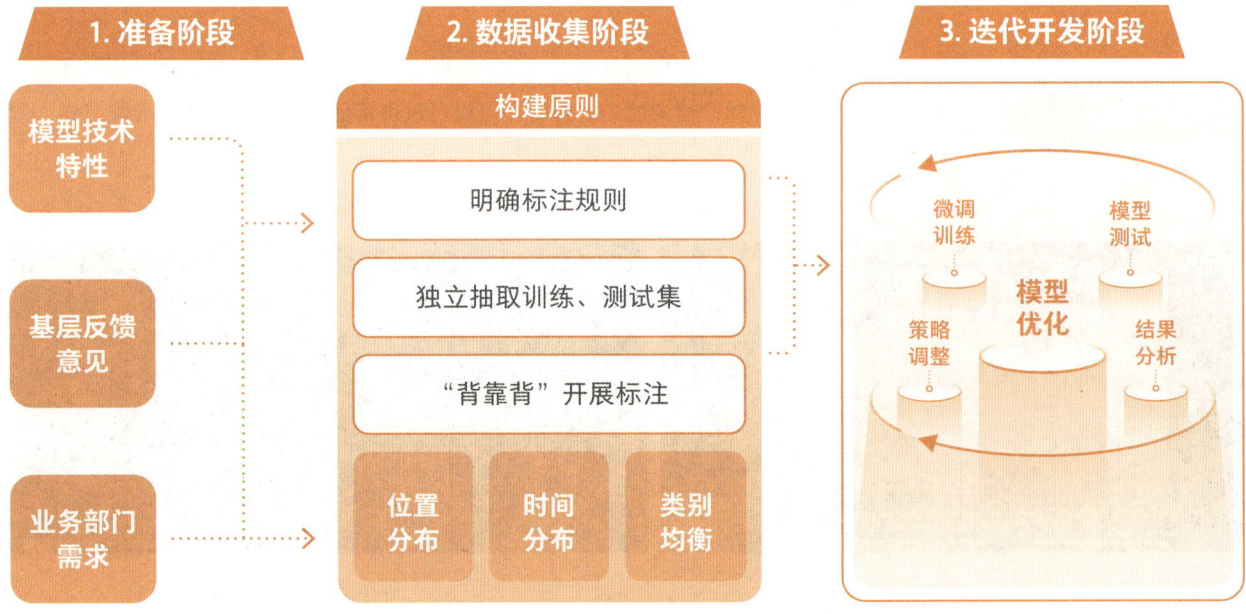

1. 准备阶段

模型技术特性

基层反馈意见

业务部门需求

2. 数据收集阶段

构建原则

明确标注规则

独立抽取训练、测试集

"背靠背"开展标注

位置分布 ｜ 时间分布 ｜ 类别均衡

3. 迭代开发阶段

微调训练 ｜ 模型测试

策略调整 ｜ 模型优化 ｜ 结果分析

应用成效

隐患辨识能力显著提升

重点隐患单类查准率提升 **22%**，查全率提升 **20%**，有效解决无效告警频发问题。

隐患样本高质量归集管理

均衡抽取 **20** 万隐患样本，制定 **22** 类精细标注规则，完成隐患标注 **8** 万张。

基层重复工作大幅减少

每月减少基层告警检视处置工作约 **40** 万条。

68 人工智能赋能现场作业管控

国网福建电力

总体介绍

聚焦作业安全"四个管住"，应用人工智能技术，规模化推广工作负责人资质审核、作业违章智能识别、工作票规范性检测、安监知识问答等多类应用，有效推动安监数字化转型。

主要做法

"作业前"着重风险预防

关联作业计划与现场视频监控，轮巡智能识别无作业计划现场；应用 OCR、NLP 等技术辅助审核队伍人员资质，构建队伍人员画像。

"作业中"聚焦实时风险管控

构建作业违章智能识别模型，打通安全风险管控、人工智能、统一视频平台和边端布控球链路，云边协同实现作业现场智能监督和违章自动告警。

"作业后"加强票卡单核查

基于 OCR 技术，构建工作票填写规范智能识别算法，智能识别应填内容未填、执行内容未确认等 18 类常见工作票填写问题。

"全过程"赋能安监知识问答

构建安监智能问答应用，归集安监相关文档数据，通过标注构建安监知识库，面向安监全过程实现知识智能问答。

应用成效

规模化推广 —— 相关智能应用实现全省 **9** 地市、超高压公司规模化推广。

安全监督提效显著 —— 安全监督效率提升 **9** 倍以上。

减少人力成本 —— 地市每年可节支约 **22.5** 万元，全省节支超 **200** 万元。

社会效益显著 —— 申请和授权发明专利 **5** 项，软件著作权 **1** 项；项目被新华社、国家电网报等内外媒体连续报道。

强化数字技术创新应用

69 构建电力北斗精准服务网，提供高精度时空信息服务

国网信通产业集团

■ 总体介绍

以覆盖公司电力基础设施、支撑典型场景应用为目标，结合变电站点位、外部基准站资源和各省业务需求，构建性能先进、稳定可靠、分布合理的电力北斗精准服务网，提供全天候高可靠的时空信息服务。

■ 主要做法

引入外部多源基准站实现合作组网
响应国家关于加强基准站数据共享的号召，在电力北斗基准站密度不足的地区，引入外部基准站的观测数据进行联合解算，建立多源基准站数据融合解算模型。

构建星－站－网－端全环节监测服务
从星、站、网、端四个方面，对电力北斗服务状态进行实时监测，包括可用卫星数量、终端位置分布等关键指标。开展基准站数据质量分析和治理，提升位置服务网性能监测和故障容错能力。

组建基准站常态化服务支撑体系
推动《电力北斗运维工作管理办法（试行）》落地实施，建立多方协同运维机制，组建省侧属地化服务团队，及时响应反馈问题，保障电力北斗高精度服务稳定可靠运行。

支撑无人机规模化应用专项攻坚
开展基于电力北斗服务的无人机自主巡检实用化测试，全面验证电力北斗服务精度、收敛速度和服务可用性；制定电力北斗服务切换方案和计划，推动电力北斗无人机规模化应用。

■ 应用成效

电力北斗精准服务网覆盖
26 个省，**340** 余个地市区域。

累计推广北斗无人机终端应用
2.6 万余台套。

无人机年均自主巡检杆塔
450 万余基。

平均巡检效率提升
30% 以上。

运行状态与卫星数据处理

正常	停止	维修	损坏	离线
3927 台	0 台	0 台	0 台	21 台

今日接收处理数据	本月接收数据量	累计接收数据量
534770 MB	8352.23 GB	643452.23 GB

短报文统计分析

当日收	当月收	当年收
17780 条	32.25 万条	1645 万条

提供位置服务情况

211648 台 米级服务	22154 台 厘米级服务	5334 台 毫米级服务
191710 次 本日	2974.05 万次 本月	24.26 亿次 累计

70 提升电力北斗服务能力，推动多场景应用

国网河北电力

总体介绍

为进一步提升北斗技术运行的安全可靠性，从根源上消除 GPS 等卫星导航系统信号关停等隐患，国网河北电力在雄安新区打造电力专用北斗应用综合示范区，开展 D 北斗设备精度检测，构建集中监控应用，推动 D 北斗定位终端规模化运行。

主要做法

摸清设备性能参数

协同中电 54 所等三方机构，完成 9 类 D 北斗设备定位精度检测，形成 14 个权威检测报告，全部满足国家标准及现场应用需求。

开展单轨化改造

通过开展北斗单轨化改造，提供安全、可靠、稳定、精准、不受制约的定位、授时、应急通信服务，提高了公司数据安全性。

推动多维场景应用

打造杆塔倾斜监测、地质沉降监测、防外破监拍等 13 个典型应用场景，应用 D 北斗设备 334 台，实现北斗单轨技术规模化应用。

构建统一监测体系

建设北斗综合监测应用，以统一规范的数据链路接入物联管理平台，并集中进行展示及监测预警，实现设备的统一纳管。

智慧保电应用　　天地一体监测应用　　沉降监测驾驶舱　　展示层

人工智能　　统一视频平台　　数据中台
物联管理平台　　电力北斗综合服务平台　　应用层

感知层

应用成效

建成行业内首个北斗单轨应用市级示范区。

北斗综合监测应用统一纳管 **330** 余套多专业北斗单轨监测终端。

提升了生产效率，降低了运维成本，每年可节约 **500** 万元。

71 "国网芯"助力输配电智能运检业务开展

智芯公司

■ 总体介绍

基于"国网芯"研发自主可控的输配电相关产品，研发无信号区通信装置，解决无信号区内无法通信的问题，研发一、二次分离开关，解决一体式智能配电开关一、二次不同期问题，助力输配电智能运检业务开展。

■ 主要做法

无信号区通信装置

采用"国网芯"MCUSCM621 主控芯片及自研 LTE-MESH 技术架构，单节点通信距离 3~5 千米，最大支持 32 节点接入，链接到有公网信号的地区，将无信号区内输电线路的视频、图像温湿度等采集数据上传至输电线路全景监控应用，彻底解决无信号偏远地区数据回传问题。

一、二次分离开关

研发自主可控"国网芯"开关核心板，搭载内核自主化的实时轻量化枢纽 4.0 操作系统，遵循结构标准化、数据规范化、功能模块化的设计思路，研制二次部分集成三段基本保护的一、二次分离开关，解决一体式智能配电开关一、二次不同期问题。

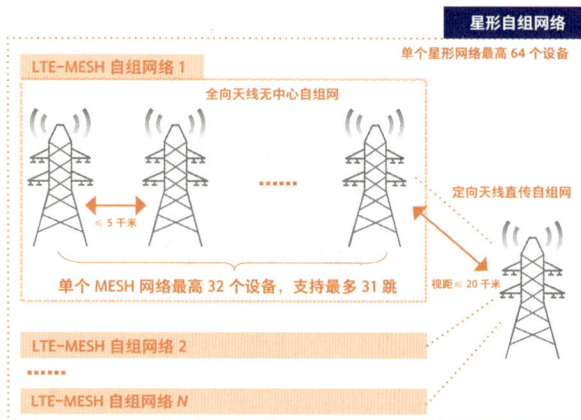

星形自组网络
单个星形网络最高 64 个设备

LTE-MESH 自组网络 1
全向天线无中心自组网
≤ 5 千米
定向天线直传自组网
单个 MESH 网络最高 32 个设备，支持最多 31 跳
视距 ≤ 20 千米
LTE-MESH 自组网络 2
LTE-MESH 自组网络 N

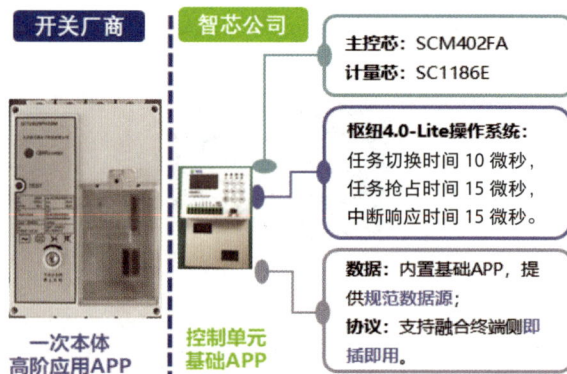

开关厂商　智芯公司

主控芯：SCM402FA
计量芯：SC1186E

枢纽 4.0-Lite 操作系统：
任务切换时间 10 微秒，
任务抢占时间 15 微秒，
中断响应时间 15 微秒。

数据：内置基础 APP，提供规范数据源；
协议：支持融合终端侧即插即用。

一次本体高阶应用 APP
控制单元基础 APP

■ 应用成效

无信号区通信装置
助力高寒、高海拔无信号区智能运检业务

智芯公司携同国网青海电力完成了青藏联网骨干线 ±400 千伏柴拉线等 5 条线路无信号区域通信装置及"猎鹰"AI 智能监拍装置应用，验证了无信号区自组网、AI 智能识别等技术在高海拔高寒复杂气候条件下的连续稳定运行。

一、二次分离开关
支撑配网透明化，助力智能运检业务

应用于配电网络线路与分布式光伏等场景，实现分支线路监测、拓扑识别、线损分析、不平衡预警等。配合推动《低压配电智能开关技术规范》《分布式光伏并网专用低压断路器技术规范》制定。

72 健全数据责任体系，全面推广数据主人制

国网山西、山东、安徽、福建电力

■ 总体介绍

按照"管业务必须管数据，管数据就是管业务"的理念，聚焦三类基础数据，扎实开展数据溯源、主人认定，落实数据主人职责，全面推广数据主人制，实现问题数据直达数据主人和源端数据质量管控，初步发挥数据主人价值。

■ 主要做法

国网山西电力"四个一"

发布"一意见"，精细认定数据主人，打造"一能力"，支撑数据主人应用，制定"一指标"，规范数据主人评价，深化"一行动"，服务数据主人用数。

国网山东电力"四着力"

以全社会用电量等应用场景为驱动，着力定职责、明任务、融业务、强管控四方面，实现数据主人制在基础数据高效治理和典型应用场景打造上的价值发挥。

国网安徽电力"三步走"

"建体系、明责任"，形成覆盖生产、业务、监督的数据主人团队，"核业务、找原因"，着力数据与业务分析并重，"分层次、抓整改"，实现数据闭环治理。

国网福建电力"五举措"

围绕"建制度、认主人、建场景、落评价、强工具"五方面落地配网项目全过程等6个典型数据治理场景，规范基于数据主人制的数据治理运转模式。

数据主人制实施细则
- 总则
- 职责分工
- 数据主人管理
- 数据全生命周期管理
- 数据主人制评价
- 保障措施

■ 应用成效

国网山西电力

认定数据主人 **10075** 名，治理效率提升 **75%** 增量数据问题减少 **46%**。

国网山东电力

累计办结 **35174** 个数据质量工单，平均数据治理时长由 **5** 天缩短至 **31.2** 小时。

国网安徽电力

治理OP互联、图形缺陷、设备台账等问题数据 **3** 万余条，数据合格率提升 **27%**。

国网福建电力

数据治理流程环节由 **7** 个缩短为 **4** 个，数据治理时长缩短 **85.7%**。

73 强化数据全生命周期管控，夯实基础数据刚性管理

国网江苏、北京、河北、山东、上海、浙江、福建电力

■ 总体介绍

聚焦数据源头不唯一、质量缺少管控等重点难点问题，围绕数据全生命周期各环节开展梳理，推进制度流程建设，开展项目验证落地，强化团队建设，打造数字化工具，构建了数据全生命周期管理体系，实现基础数据刚性管理。

■ 主要做法

建章立制，规范管控流程和要求

围绕数字化项目可研、设计开发、上线验收、运行维护、下线退役 5 大阶段，细化梳理数字化项目数据管控流程及要点，提出 37 项管控要点，形成《数据全生命周期管理要点指导手册》。

验证落地，优化管控体系和实施

北京、河北、山东、上海、江苏、浙江、福建 7 家试点单位结合 2023 年度 60 个数字化重点项目，开展管控要点落地验证，优化完善数据全生命周期管控流程和落地实施。

打造工具，提升管控能力和质效

基于基层服务专区、数据中台，打造涵盖生命周期管理设计、上线、运维等阶段数据审核的权威源比对、数据质量核查、数据目录监测等工具，提升数据全生命周期管控能力。

团队建设，强化管控支撑和保障

在项目管控团队中增设数据审查小组，负责项目可研、设计开发、上线验收、运行维护、下线退役 5 大阶段的数据架构、数据流向、权威源引用、质量规则等审核工作，推进数据全生命周期管理人才培养和团队建设。

项目可研	设计开发	上线验收	运行维护	下线退役
实现数据管理模式优化	**保证设计开发与可研的一致性**	**成果评审**	**监测、变更同步更新**	**下线评估、数据处置**
☆ 数据需求	☆ 数据流入	☆ 数据目录	☆ 数据目录	☆ 下线影响评估
☆ 获取方式	☆ 获取流出	☆ 权威源清单	☆ 权威源引用	☆ 备份或迁移
☆ 集成需求	☆ 关联关系	☆ 数据质量规则	☆ 数据应用频率	☆ 擦除或销毁
☆ 数据架构	☆ 权威源引用	☆ 基础数据清单	☆ 命名规范	☆ 权限回收
☆ 数据流向	☆ 数据质量规则	☆ 数据中台接入	☆ 数据结构变化	☆ ……
☆ ……	☆ ……	☆ ……	☆ ……	

■ 应用成效

建立管控团队，明确 **5** 个阶段、**37** 项管控要点，依托 **15** 个审查模板和 **4** 个支撑工具，优化数据管理模式。

基于可研、设计、上线、运行、下线五个环节强化数据管控，实现数据"资源清、血缘清、流向清、责任清"。

74 构建适应新型安全挑战和威胁的网络安全监控中心

国网河北、黑龙江电力，国网信通公司

总体介绍

以"全景可视感知、全域可视可控、全息智慧防御、全时敏捷响应、全员能力提升"为目标，围绕管理、技防、人才3个体系，制定"1-3-11"工作思路，打造11项能力，推进网络监控中心标准化建设，有效应对重大安全挑战和威胁。

主要做法

管理体系建设方面

构建一体化指挥、安全运营管理、立体化事件处置、一融三化安全管理4大管理能力，通过完善网络安全运营管理制度及编制各类工作规范，使网络安全运营工作更加流畅。

技防体系建设方面

打造"一站式＋全图谱""网格化防御""态势感知＋联防联控""漏洞闭环管理""设备安全管控"5大技防能力，全方位提高资产管理、威胁管理、策略管理和联防联控水平。

人才体系建设方面

构建人才培养知识图谱，建立网络安全梯级人才培养机制、考核评级激励机制，开展高强度红蓝对抗及竞赛等活动，实现"人才培养赋能""人才攻防实战"2大能力提升。

网络安全监控中心标准化建设项目 | 1个目标，3个体系，11项能力框架

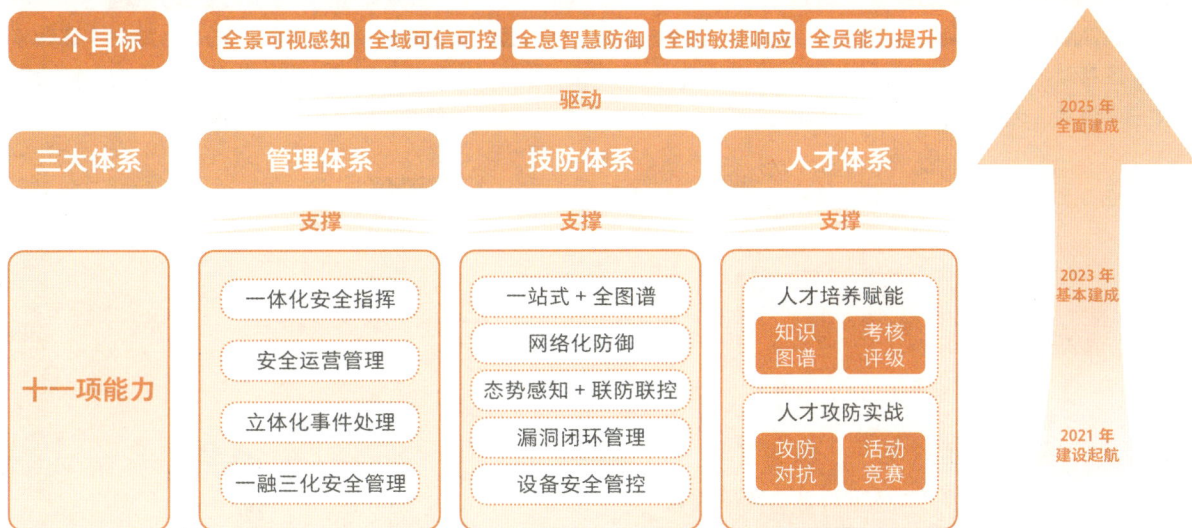

| 一个目标 | 全景可视感知 全域可信可控 全息智慧防御 全时敏捷响应 全员能力提升 |

驱动

| 三大体系 | 管理体系 | 技防体系 | 人才体系 |

支撑

十一项能力

管理体系 支撑：
- 一体化安全指挥
- 安全运营管理
- 立体化事件处理
- 一融三化安全管理

技防体系 支撑：
- 一站式＋全图谱
- 网络化防御
- 态势感知＋联防联控
- 漏洞闭环管理
- 设备安全管控

人才体系 支撑：
- 人才培养赋能（知识图谱、考核评级）
- 人才攻防实战（攻防对抗、活动竞赛）

2025年全面建成
2023年基本建成
2021年建设起航

应用成效

国网河北电力

从安全运营、联防联控、基线标准等 **6** 个方面明确两级网络安全监控中心的工作要求，全面提升联动处置能力。

国网黑龙江电力

完善监控处置等 **4** 大类管理制度及 **11** 项工作规范，安全运营工作效率整体提高 **2** 倍，误报率从 **20%** 降至 **5%**。

国网信通公司

完成网络安全监测三大类 **46** 个指标项设计，有效支撑量化、评估和指导两级网络安全监控中心安全运营成效。

75 全场景网络安全防护能力标准化提升与应用

国网天津、冀北、福建、河南电力，南瑞集团，信通产业集团

■ 总体介绍

按照"网络安全一平台"的思路，围绕 S60002.0 推进运营管理标准化、布防架构标准化、技术能力标准化三方面工作，重点开展"三个统一""三个一键"等能力建设，进一步夯实网络安全基础，发挥体系化防御优势。

■ 主要做法

优化统一布防

梳理互联网大区 41 台技防设备，构建"布防一张图"，叠加设备运行及告警状态、可达攻击、威胁拦截等信息，实现安全态势一图总览。

深化统一报警

梳理技防设备告警格式，以 API 或 Syslog 服务方式全量接入 20 类技防设备告警日志，构建告警压缩降噪模型，通过 147 个字段分析告警。

强化统一纳管

构建台账数据标准模型，实现 6 个维度 58 项台账字段管理。开展台账数据治理，完善防护范围、特征库版本、自主可控等安全特性字段。

一键登录安全设备

利用堡垒机实现安全设备登录账号全生命周期管理，集成统一权限系统，通过用户权限入口免密一键登录全量技防设备。

一键封禁威胁 IP

对接安全编排模块，关联安全设备，实现告警 IP 自动提取、策略一键带入、处置一键执行。针对总部下发攻击源预警，实现批量封禁或解封。

一键巡检设备状态

通过 SNMP 协议获取 CPU、内存、接口、硬盘等设备运行状态数据，制定运行基线阈值，自动识别异常状态、自动生成巡检报告。

■ 应用成效

基层作业质效明显提升

安全设备检修时长平均减少 **15%**，自动化巡检时长平均减少 **80%** 以上，IP 封禁响应时长平均缩短至 **8** 秒 / 个。

态势感知能力明显提升

技防措施 **100%** 设备上图、**100%** 数据接入、**100%** 一键登录、**100%** 台账准确，告警总量减少 **80%**，可达攻击精准处置时长缩短至 **1** 分钟以内。

自动拦截水平明显提升

两级网络安全监控中心持续治理可达攻击和阻断攻击，全网平均网络攻击自动化拦截率由 **39%** 提升至 **90%** 以上。

76 基于I6000构建智能一体化运维体系

国网天津、安徽、重庆电力

总体介绍

依托 I6000 打造企业级数字化运维体系，完成系统监测、业务保障、协同管控、智能运维、移动端运维、共性服务六项能力实用化建设，全面提升数字化专业运维自主化、智能化水平，增强核心业务系统运行保障能力。

主要做法

系统监测能力提升方面

推进 SG-I6000 2.0 与云管服务、云原生工具的深度融合，构建云上云下系统分层分级监测体系，打造可视化的运行基础数据底座，形成可逐级钻取、纵向穿透的运行一张图。

业务保障能力提升方面

拓展全链路监测覆盖场景，创建全链路监测自主配置模式，自动生成服务调用链路拓扑，构建保障专题监测视图，实现网上电网、新一代电力交易、供电服务指挥系统等核心系统全链路监测。

协同管控能力提升方面

面向运行管理、一线运维等用户，实现差异化运行全景看板，覆盖 2 类主题、62 种维度、90 个指标的统计分析与展示。通过数据贯通、提炼工单共性字段等方式，实现工单统一入口处理，同时支持 i 国网移动端管理。

智能运维能力提升方面

聚焦"高频、耗时"运维作业，通过设计构建 8 个自动化作业和 7 个"一键式"操作的智能运维工具，建立流程驱动的资源台账保鲜机制，减轻运维人员工作强度，提升日常巡检、运维操作、检修作业和异常处置的智能化水平。

应用成效

国网天津电力
开展核心业务全链路监测，构建"运行一张图"，系统异常定位效率提升 **38%**。上线 **8** 个一键式和自动化运维工具，有效提升自动化智能化运维能力。

国网安徽电力
建成异常链路自愈工具，实现了 **70%** 以上的异常数据链路智能自愈，平均异常处理时长从小时级降到分钟级。

国网重庆电力
建成信息移动运维应用，实现典型运维工作全天候、全时空、移动化办理；实现故障处理、客服问答等语音交互式处置；实现作业现场强管控，降低操作风险。

77 网上国网业务运维创新实践

国网信通公司

总体介绍

网上国网在运维过程中具有架构复杂、用户体量庞大等特点，通过分析业务调用链路图、运行监测指标，开展全链路压力测试，绘制业务潮汐图等工作，支撑异常快速发现定位及响应，保障网上国网稳定运行。

主要做法

业务场景可视化

针对信息系统重要业务指标以及各层级资源对象，汇总分析业务调用链路图、运行监测指标，实现业务与资源对象关联汇聚及业务调用链路可视化。

数据模型统一化

高效使用运维监测工具数据，实现监测数据高质量全覆盖，支撑上层智能应用分析。

试点应用规范化

遵循先行先试、稳中求进原则，通过试点建设网上国网 23 项核心业务场景全链路的方式，验证全链路应用的科学性、有效性。

应用智能化

开展全链路压力测试，主动探知系统瓶颈，绘制业务潮汐图，开展系统运行规律及发展态势智能分析，有效提升业务保障水平。

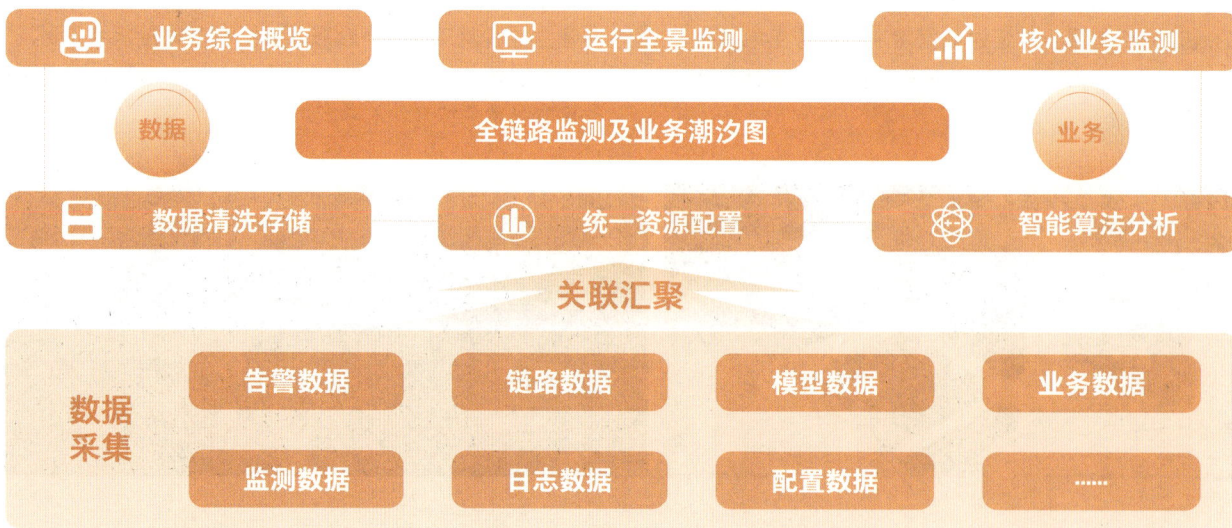

	业务综合概览	运行全景监测	核心业务监测
数据		全链路监测及业务潮汐图	业务
	数据清洗存储	统一资源配置	智能算法分析

关联汇聚

数据采集	告警数据	链路数据	模型数据	业务数据
	监测数据	日志数据	配置数据	……

应用成效

提高系统用户数量及满意度	系统上线以来注册用户数达到 **3.13** 亿。	日活用户数突破 **1000** 万。	整体客户满意度达到 **96.42%**。
实现运行监测全覆盖	集中监测网上国网 **38** 类资源对象共 **256** 项监测指标。	实现网上国网去交费等 **23** 项核心业务全链路节点运行状态实时感知、可视化展现。	
提升业务持续可用性	信息系统异常自主发现率达到 **94.7%**。	异常处置效率同比提升 **71.22%**。	交费场景可用率达到 **99.94%**。

78 自主可控关键技术攻关与产品自主研发

中国电科院

总体介绍

研发自主可控国网安全浏览器，完成与自主可控 CPU、操作系统及公司业务系统的适配验证，并于国网江苏、天津、浙江电力等单位试点应用；研发统一密码服务平台，为各专业提供高质量密码服务，提升安全自主可控水平。

主要做法

国网安全浏览器

自主研发国网安全浏览器

基于国密算法对浏览器缓存数据进行安全加固，支持通过管理功能对客户端进行统一监测分析、统一管理、统一策略分发。

安全浏览器适配验证

完成与飞腾、海光自主可控 CPU，麒麟、统信等自主可控操作系统与公司百余套业务系统的适配验证，并全面兼容 WPS、PDF 常见办公软件。

统一密码服务平台

自主研发统一密码服务平台

采用自主可控国密算法，基于超高并发高速处理技术和弹性可扩展密码云服务等，实现密码服务的便捷、高效。

跨专业证书认证体系融合

兼容公司原有信通、电商自建证书体系，实现跨专业证书认证体系融合；建设密码基础设施及密码服务平台，满足全业务场景对密码保护的需要。

国网安全浏览器

- 兼容Windows7 Windows10 所有版本
- 采用国密算法安全加固内存主动防御，杜绝恶意软件窃取上网信息
- 一款智能切换多内核的网页浏览器
- 真正实现一个浏览器访问国网主要业务系统
- 支持个性化桌面定制

单　　位：中国电力科学研究院有限公司信息通信研究所
下载地址：sgsbrowser.epri.sgcc.com.cn
技术支持：010-82814522
邮　　箱：csrd@epri.sgcc.com.cn

应用成效

国网安全浏览器

完成国网江苏、安徽、湖北、河南、辽宁、宁夏、蒙东、新疆、重庆电力、信通公司等 **10** 余家单位应用，累计完成 **22.5** 万台终端安装（其中信创终端 **5720** 台），**131** 套业务系统的兼容性适配验证，试用效果良好。

统一密码服务平台

已在总部、**27** 家网省全面上线，上线以来累计签发服务总量 **7.3** 亿，并于网上国网、电力交易平台、营销 2.0、电 e 宝等场景规模化应用。

79 项目管理数字化助力建设质效提升

国网湖南电力、华东分部

总体介绍

围绕数字化项目全生命周期管理，锚定"业数融合"的管理目标，严格把控电网数字化项目建设质量、有效提升数字化项目管理水平和建设质量，打造出国家电网公司数字化项目建设管理样板间。

主要做法

创立业务与数字的建设协作机制

发布《数字化项目管理实施细则》及《数字化项目作业手册》，健全数字化项目建设协作机制。

实行项目进度与资金强管控

提出项目计划、预算、进度、入账与支付"五对应"管控，实时监控进度、入账及支付情况，及时纠偏合同履约偏差，实时监控与预警项目合规风险。

严控系统质量关和项目管理质量关

发布《数字化项目质量检测管理办法》，明确质检流程与技术标准，确保项目上线"零缺陷"，实现合规风险实时动态监测、合规风险智能预警与规避。

应用成效

国网湖南电力

922 个项目合同通过强管控实现进度"零延期"，项目资金实现"应入尽入、应付尽付"。实现 **250** 个项目"零缺陷"上线，试运行期间系统平均告警率为 **2%**、平均故障率为 **1.3%**。累计纳管知识产权 **194** 个，价值突破 **5.19** 亿元，实现项目知识产权版本化、精益化管理。

国网华东分部

纳管的 **500** 余个项目，从项目下达、采购、合同、付款等方面实现全口径管控，获 2023 年电力企业合规管理成果一等奖。整合项目全口径流程，实现项目全过程管理整体操作效率比原有模式提升 **5** 倍，数据差错率比原来降低 **60%**，管理效率提升 **10** 倍。

80 全员数字素养提升实践

国网福建、山东电力

■ 总体介绍

以全面提升全员数字素养与技能为目标，创新实践"2211"数字化人才培养体系，构建"三学、三型、三评"培养模式，提升全员数字素养。

■ 主要做法

国网福建电力

构建"2"大图谱
梳理重点工作任务、应用场景及能力要求，定义全景式知识图谱，含215类、618个数字化知识，建立模块化课程图谱，形成三大序列七大专业154门课程。

建立"2"大机制
建立健全选课制度、教学手段、教学模式及培训方式，将岗位任职资格、工作业绩与评价挂钩，完善激励约束机制。

打造"1"支队伍
围绕专家型、专业型及应用型人才，设计"333"人才队伍结构分布，实施人才遴选，提升专项能力，组织数字赋能培训。

建设"1"个生态
应用"技术＋业务"生态思维，量身定制创新应用，动态储备师资队伍，打造实操新环境，强化内外部交流合作。

国网山东电力

夯实"三学"基础
每年举办4~6期初、中、高三级培训，联动"师带徒"与"大讲堂"，形成8类108个精品课程。创建联合实验室，组建8支数字化专项团队开展任务履责、竞赛培优和创新创效。

构建"三型"目标
建立专项补贴机制，培育"复合型"技能人才。依托"三类五级"专家人才体系，培育"专家型"技术人才。成立智库柔性研究团队，培育"创新型"管理人才。

提升"三评"动能
制定人才年度积分标准，贯通个人树优评先。将人才积分排名情况纳入各单位评价，贯通单位专业评比。开展省市县公司级专家人才及复合人才年度量化考核，贯通奖励激励评价。

夯实"三学"基础
培训学习　实践学习　帮带学习

激活"三评"动能
个人评先　单位评比　奖惩评价

培养"三型"人才
复合型技能人才　专家型技术人才　创新型管理人才

■ 应用成效

国网福建电力

▶ **提升人才竞争力：** 新增国网首席专家 **1** 人，**10** 个集体、**25** 名个人荣获省部级以上综合性表彰。

▶ **突破创新成果：** 出版全国首部新型电力系统省级示范区建设科技专著，首次获评**国网软科学一等奖**。

▶ **激发业务实效：9** 项成果入选国家电网公司优秀案例集。

国网山东电力

▶ **人才创先：1** 人被推选为全国人大代表，**49** 人被授予全国技术能手、央企技术能手等省级以上技能称号，**3** 人当选国网首席专家。

▶ **竞赛创优：** 参加全国工业和信息化技能大赛等各类赛事 **12** 项，累计获得国家级奖项 **33** 项。

▶ **科研创新：** 领衔国家电网公司及以上科研项目 **7** 项，完成智慧物联等 **21** 项标准制定。

展望

辛保安董事长在公司四届四次职代会暨 2024 年工作会议的报告中明确提出，要打造数智化坚强电网，建设数智赋能赋效、气候弹性强、安全韧性强、调节柔性强、保障能力强的新型电网。强调建设数智化坚强电网，是顺应数字化智能化发展趋势、推动传统电网转型升级和公司高质量发展的迫切需要，是保障电网安全运行和电力可靠供应的迫切需要，是加快能源电力清洁低碳转型的迫切需要，是"双碳"目标下推动新型电力系统建设的必由之路。

下一步，国家电网公司数字化转型的核心任务是全面赋能数智化坚强电网建设。服务公司高质量发展，就是要提升数智化基础设施和平台能力，加强"大云物移智链"等现代信息技术与电网业务深度融合，充分释放数据要素价值，数智赋能赋效、电力算力融合，着力提升电网灵敏感知、精准映射、计算推演水平，着力提升电网结构动态优化、生产运行精准控制、用户行为智能调节能力。

面向未来，国家电网公司将围绕建设具有中国特色国际领先的能源互联网企业战略目标，秉承"为美好生活充电、为美丽中国赋能"的企业使命，努力发挥"大国重器"和"顶梁柱"央企责任，与社会各界加强交流、深化合作，共筑能源生态，共创能源未来，共同绘就建设数字中国、推进中国式现代化的美丽篇章。

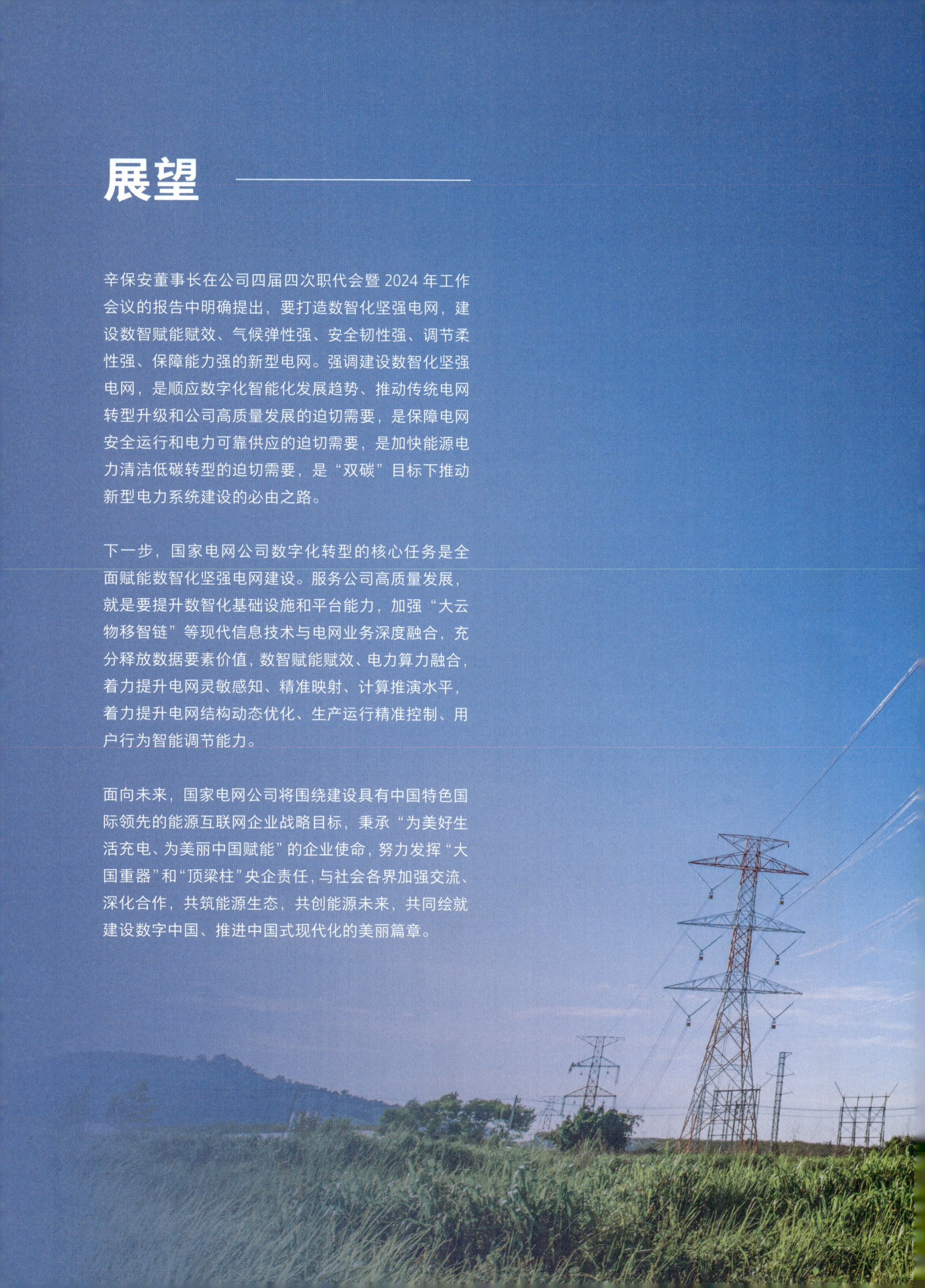